基于大数据时代的高校教育管理模式创新与实践探索

陈云彪 ◎著

九州出版社
JIUZHOUPRESS

图书在版编目（CIP）数据

基于大数据时代的高校教育管理模式创新与实践探索 / 陈云彪著. -- 北京 : 九州出版社, 2023.10
ISBN 978-7-5225-2326-2

Ⅰ. ①基… Ⅱ. ①陈… Ⅲ. ①高等学校－教学管理－管理模式－研究－中国 Ⅳ. ①G647.3

中国国家版本馆 CIP 数据核字（2023）第 200724 号

基于大数据时代的高校教育管理模式创新与实践探索

作　　者　陈云彪　著
责任编辑　杨鑫垚
出版发行　九州出版社
地　　址　北京市西城区阜外大街甲 35 号（100037）
发行电话　（010）68992190/3/5/6
网　　址　www.jiuzhoupress.com
印　　刷　北京四海锦诚印刷技术有限公司
开　　本　787 毫米 ×1092 毫米　16 开
印　　张　10.75
字　　数　255 千字
版　　次　2023 年 10 月第 1 版
印　　次　2023 年 10 月第 1 次印刷
书　　号　ISBN 978-7-5225-2326-2
定　　价　68.00 元

前 言

随着大数据时代的到来，高校教育管理面临着新的挑战和机遇。大数据技术的快速发展和广泛应用为高校教育管理模式的创新与实践提供了新的可能性。传统的高校教育管理模式已经难以适应快速变化的教育环境和学生需求，基于大数据的高校教育管理模式创新旨在利用大数据技术和方法，对学生、教师、课程等方面的数据进行全面、深入的分析和挖掘，以更好地理解学生需求，优化教学资源配置，支持学生个性化学习、提升教学质量。

基于此，笔者以“基于大数据时代的高校教育管理模式创新与实践探索”为题，首先解读大数据的特征及其发展意义、高校教育管理的原则与过程、高校教育管理的内容及方法、大数据时代与高校教育管理的融合；其次分析基于大数据时代的高校教育教学管理体系、基于大数据时代的高校学生教育管理模式、基于大数据时代的高校教育管理的多元模式；最后探讨基于大数据技术的高校教育管理思维创新、基于新媒体环境的高校教育管理的创新实践、云大数据背景下高校教育教学管理信息化实践。

本书结构完整、视野开阔、论述清晰，以讲解理论知识为基础，以实践应用为导向，为高校提供提高教育管理模式的创新策略。充分利用大数据技术和方法，高校可以更好地实现教育管理的个性化、精细化和优化，提高教学质量和学生满意度，促进高校教育的创新与发展。本书可供从事高校教育管理研究的学者和一线工作者使用。

本书在写作过程中，得到了许多专家学者的悉心指导和支持，在此表示衷心的谢意。虽然秉持着严谨、客观和综合的原则来写作，但仍难免存在不足，欢迎广大读者提出反馈意见，以帮助进一步完善和改进本书的内容。

目　录

第一章
大数据与高校教育管理的理论审视

第一节　大数据的特征及其发展意义

一、大数据的特征

大数据这个概念是由最先经历信息爆炸的学科，如天文学和基因学提出来的，如今这个概念已经应用到了几乎所有人类致力于发展的领域中。

（一）体量巨大且种类繁多

互联网搜索技术的进步、电商平台的全面覆盖以及社交平台的快速兴起，促进了多元化数据的产生，而且这些数据在未来甚至会呈指数增长。互联网、存储等计算机科学领域正在迅速进步，人们从多元化领域获得的数据资料成倍增加，搜集海量数据的根源是网络数据能够同步实时收集，医疗领域的数据资料与科研领域的研究数据都会成倍增加。占数据总量比重高达85%以上的非结构数据的增速远高于结构化数据，对网络企业等相关投资者而言，这样的数据预测能够有效提升自信心。大数据是传统数据库以及软硬件无法收集、储存和分析的巨大数据集。随着数据种类不断增多，如视频图片等信息增速的扩大，挖掘多元形式数据流间的关系成了大数据最为显著的优势。例如，对供水系统数据和交通状况的数据资料进行关联分析，可能得到清晨洗浴与早高峰时间存在着密切关联的结论；将堵车地点时间的数据资料和电网运行的数据资料进行分析，可能得到的结论是睡眠质量与交通事故的发生率存在内部关联。

（二）开放公开且容易获得

人们之所以重视收集大数据，主要的目的是要开展数据分析。大数据并非只是在政府、企业等组织机构当中存在，还存在于社会生产、生活之中，具备自动性的特征。例如，电信企业累积客户的电话记录，电商网站整合消费者信息，企业通过对大数据进行充分的分析与挖掘，能够全面提高企业的综合实力，优化企业运营，提升企业决策准确度，推动商业智能的长效发展，为企业经济效益最大化目标的实现创造良好条件。在一定规则开放性的背景之下，借助应用程序接口与爬虫采集等技术手段，大量企业组织与政府部门能够为社会各界以及科研等机构提供海量数据资源。开放公开容易获取的数据源，是大数据时代的基本特点，因此而对整个社会产生巨大影响。

（三）重视社会预测的作用

从本质上进行分析预测，是大数据特点的体现。在大数据背景下，预见行业未来前景的能力，成了企业不懈追求的目标。美国 Netflix 公司推出《纸牌屋》，通过收集 3000 万用户播放动作，研究用户几百万次评级和搜索，评估受众面对差异化节目给出的不同观点，从多个角度掌握观众在节目欣赏方面的实际习惯，利用对海量数据的挖掘与分析获知人们的兴趣爱好和节目偏好信息。这个公司采集用户的多元化具体数据资料，为视频行业的制作方法改革创造了良好条件，使得视频行业开始运用算法与逻辑分析的方式替代以往的生产方式。对大数据手段的应用能够预先分析受众情况，了解他们青睐的节目类型。人们越来越重视大数据在预知社会多元问题方面的作用，同时也开始将其广泛推广应用到社会科学领域。

（四）重视发现而并非实证

实证研究特别关注构建理论假设，设定范围，并进行随机抽样，展开数据的定量调查与收集，从而证伪或证实理论假设。连续线性决策需要缜密的逻辑思维。大数据把关注点放在了数据方面，强调对数据的运用，创造知识，预测未来，挖掘本质，发现机遇。要实现对未来前景的预测，主要借助自下而上数据收集处理的方法，而不是依靠以理论假设为根基发现知识，预知未来，探寻规律。利用大数据获得的结果，通常情况下是极具实用价值的，这也是很多超市在货物安排和摆放当中常常会遵循的规律。除此以外，大数据理论更能够从整体上进行数据的分析和把握，所以获得的分析结论价值极大，可以用于做出相关决策和获知规律的重要根据。

（五）涌现非结构化的数据

数据挖掘关注的是未知有效信息与实用性强的知识，更多的属于非结构化数据，这是大数据时代非常突出的一个特点。如今90%以上的数据均属于非结构化数据。社交媒体会随时产生无数数据文本，造成大量具有价值的数据资料被隐藏在信息海洋当中。大数据技术从海量文本资料当中挖掘信息，获知人们的态度与行为的相关信息，呼应舆情监测的社会需要与企业商机。在对大量非结构化数据进行收集处理和分析时，社会出现了大量新需要，技术领域产生了极大的变革，同时也让很多非关系型数据库得到发展，大量计算机新技术持续不断地产生。大数据涵盖数据挖掘、网络挖掘、文本挖掘、IT和商业智能信息技术、决策支持系统及其在社会科学领域的应用。

二、大数据的发展意义

“大数据不仅是数据科学的崭新阶段，更是信息化时代发展的必经之路”①。大数据对经济、社会、人类日常生活产生的影响不仅限于技术层面，对管理理念、运作方式都将产生巨大影响。大数据使人的思维方式、行为模式、管理理念发生全方位变革，引发了全球范围内深刻的行业调整，体现了国家治理中的战略价值。

（一）占据行业制高点

大数据巨大的体量通常涉及以行业为单位的全局数据，通过大数据的分析，能够洞察行业的发展规律、趋势和利润增长点。率先掌握这些信息的企业或部门，将在时代的快速变化中拥有先发优势，占据行业制高点。这一机遇并非仅由大型企业所独有。大数据技术的发展，使单位计算能力的价格大幅度降低。中小企业无须布局从硬件到软件的全流程设备，即使资金有限，仍然可以通过租用灵活的云端计算和存储服务实现大数据分析。

大型企业的优势在于可以凭借雄厚的积累，在数据采集和交换等环节以较小的成本获得更大规模的数据。然而，在大型企业里，将大数据技术渗透到所有环节中指导运行，或以大数据为基础推行决策，这一过程与中小企业相比所需时间更长，阻力也更大。

因此，在大数据的浪潮中，各行业不同规模的企业或部门在同样的机遇面前，各有不同的困难需要克服。谁能率先登上行业制高点，成为未来的最大赢家，关键的因素在于，是否能够始终持有大数据的思维习惯。在正确认识大数据的内涵、价值和运用方式的基础上，以未来为导向，坚定地推行大数据策略。

（二）提升国家竞争力

大数据不仅能在一个行业中创造领先优势，对于国家之间的竞争而言，它同样可以发

① 林榕. 大数据背景下高校教育管理信息化发展与创新研究［M］. 长春：吉林大学出版社，2019：36.

挥类似的作用，为国家的发展趋势指明方向。利用大数据提升国家整体的竞争力，正是各国政府纷纷在这一领域发力的主要目的。

掌握更高水平的大数据技术，能够在各个方面优化国家的资源战略和发展策略，使国家作为一个整体在更低的消耗水平上创造更大的价值，同时提高社会的运转效率，增强国家的影响力和竞争力。未来，大数据技术的发展水平，将显著影响国家之间竞争力的强弱转换。

大数据技术具有待开发的巨大潜能，为行业企业带来了更多商机，赋予了每个企业抢占行业制高点的机会。一个国家所拥有的数据规模和运用数据的能力，将成为综合国力的重要组成部分，是国家提高国力和国际竞争力的重要支点。总体而言，善用大数据资源和技术，在当今时代具有无可取代的重要意义。

第二节　高校教育管理的原则与过程

一、高校教育管理的原则

“教育管理是一种社会活动过程，是在一定的社会组织中，人们为了达到预定的组织目标利用人力、物力、财力、时间等资源，对组织进行计划控制和决策的社会活动过程”[①]。在高校教育管理过程中，教育管理的原则是这个过程得以实施的基石。在研究高校教育管理的原则时，要多注重这个原则的正确性。

（一）保持和确定方向性原则

保持高校教育管理方向性原则的根本出发点在于“培养什么人”和“如何培养人”。高校教育管理是高校教育教学及办学内容中的重点之一，涉及高校教育教学的各个方面。高校教育管理工作的成效，会直接影响到当今高校能否完成培养社会主义事业建设者和接班人的目标。方向性原则是指高校教育管理目标的确定，高校教育活动的开展，都需要参考高校育人的总体目标，并且保持高校教育管理目标的正确性。高校教育管理目标的确定，还需要遵照国家教育方针政策中规定的相关标准，保持方向上的统一性。因此，方向性原则是高校教育管理中的决定性原则，只有坚持这一原则，才能使整个高校教育管理的总体目标呈现出正确性趋势，使高校教育管理的方向正确，真正有利于社会发展和教育。

① 胡凌霞．高校教育管理理念与思维创新［M］．长春：吉林大学出版社，2020：1.

这种方向性原则，是带有高校特有的教育管理属性的，也是在我国过去高校教育管理经验的基础上累积和分析而来的。保持方向性原则的正确性，需要做到以下方面：

1. 提升高校教育管理者的政治觉悟与意识

高校教育管理呈现出政治方向和价值导向的鲜明性特征，高校教育管理的服务对象是一种特定的社会和阶层，在特定的社会和阶层中，高校教育管理呈现出目的的差异性、理念的相异性和方式方法的区别性等态势。在高校教育管理方向性的把控上，要保持高校管理者的思想和政治意识。在管理工作的开展中，高校管理者要保证自己的思想方向，积极引导广大高校学生在社会发展道路上的使命感，着力解决大学生人生价值到底应该如何正确体现等实际问题。

2. 保持与体现管理的合法性及政治导向性

方向性原则的坚持，也是自觉接受领导的一种具体体现，这种方向性的坚持，是要以国家方针和政策为核心重点的。具体而言，学校的各类制度，也是贯彻落实方针政策的途径之一。在这种途径上，具体显现出的就是管理制度的政治方向和价值导向。高校在制定各项教育管理制度时，一定要以国家的相关法律法典为参照，保持思想和方向上的一致性。在高校教育管理制度的方向性原则的执行过程中要坚定大学生的理想信念并在社会主义实践中成才。

3. 教育管理目标的调整需要整合时代需求

保持高校教育管理的方向性原则，要体现在方向上，更要体现在管理是否符合时代的需求上，主要集中点需要放在能否实现国家层面的中心任务上。高校教育管理工作紧扣时代的发展主题，在目标的制定上呈现出不断调整的态势，在管理模式的创新上也呈现出不断的动力性特征。发展是硬道理，经济建设也是重中之重，在制定管理目标时，要根据这些重点进行方向性指导。

（二）建立和促进发展性原则

建立和促进高校教育管理的发展性原则，首先是管理工作本身呈现出来的发展性特征；其次是高校教育管理通过对学生的全面发展而具体呈现的。从高校教育管理自身出发，社会生活呈现出发展变化的复杂性特征。高校教育管理工作的各个方面都呈现出剧烈变化的态势，如高校教育管理内容的趋势、对象等。这就要求高校教育管理的制度、结构能保持变化的驱动力，高校的管理方法、管理目标和管理手段要进行及时的修正和调节，保证高校教育管理工作的成效性。其具体要求体现在以下方面：

1. 树立正确发展意识

在思想和行动的关系中，思想是行为的探路者，发展理念决定了相应的管理手段和管理的结果。在传统的高校教育管理中，高校更注重学生管理的制度建设，期望用制度对学生的行为进行约束和管理，在实践中容易忽视沟通。这种管理，容易影响学生的自信，降低学生的主动性。在管理实践中，高校要更多地注重学生的全面发展的具体要求，看到社会对学生全面发展的紧迫性要求，打破常规，使学生的管理理念更具有先进性，能跟随时代对学生全面发展要求的脚步。

2. 推进教育管理创新

针对管理本身的发展而言，学生在校的全面发展，是通过一定的管理途径来实现的，这种管理途径实际也是一个需要不断被创新的过程。这种创新，是建立在一定的规律之上的，这种规律就是高校教育管理的基础性规律。这种规律，促进管理创新能跟随时代步伐，坚持传承优良的传统与现行的创新相结合的办法，在工作的具体开展中保持自身的创造性态势，真正促进学生的全面发展。随着社会的不断进步和发展，高校教育管理工作所需要面临的环境、问题也越来越多。如果高校的管理方法得不到创新发展，就无法适应学生对其真正的各类新型需求，不能真正解决问题。管理创新也是时代和社会予以高校教育管理的一项重要任务。

3. 集合各方面的资源

长期以来，高校教育管理都比较强调学生管理和学生服务两大块。在具体的实施上，管理方面的实施是高于服务上的实施的，即高校很多的工作只是浮于表面，没有真正落地。高校学生的事业规划、就业辅导、心理疏导等方面的发展能使学生更好地发挥其主动性和创造性。高校要分析和集合学校各方面的资源，对资源进行整合和分析，协调各个部门的关系，将学校的各方资源进行优化，保障学生发展的动力持久而强劲。

二、高校教育管理的过程

研究高校教育管理的过程，主要是要厘清高校教育管理过程的含义和构成要素，把握高校教育管理过程的特点和主要环节。高校学生在高校学习和生活过程中会出现很多干扰因素，这些干扰因素影响和制约着高校学生的成长与发展，因此高校教育管理为实现教育目标就需要对此情况进行规范与调整，这就是高校教育管理的过程。高校教育管理过程实际上是一种循环往复的动态运行过程，其实质就是对组织环境和管理对象的变化与发展做一个良好的把握，通过对各种因素的实时调节与管理，在动态的情况下实现组织目标。相比高校教育管理的系统性的动态过程，单一的管理行为是没有办法直接达到管理的目的的，高校教育管理的目的只能在这个动态管理过程中完成。高校教育管理工作的良好实施离不开对管理过程的充分认知和把握，只有对高校教育管理过程进行全面的认知，才能将管理内容进行由整体至局部的拆解，继而彻底做好高校教育管理的各部分工作以及整体上的工作。

（一）高校教育管理过程的要素

高校教育管理过程包含四个基本要素，即管理者、管理对象、管理手段和职能、管理目标，这四个基本因素是协同合作，必不可少的。

第一，管理者。在高校教育管理过程中，谁来进行管理就是管理者。

第二，管理对象。高校教育管理是一个整体管理的过程，其中必然涉及管理的对象，高校教育管理的管理对象众多，人、财、物、时间、空间、信息等都包括在内。

第三，管理手段和职能。高校教育管理必然要通过一定的管理手段和方法才能良好运行，也必然要通过一定的方法实施才能发挥作用，达到管理目的。目前而言，除了行政方法、法律方法、经济方法、教育方法等基本管理方法外，高校教育管理还需要对管理对象采取一系列的包括预测、决策、计划、组织、激励等相关举措。

第四，管理目标。高校教育管理需要有可实现的管理目标，以待后期对管理做出方向上的明确与调整，并最终达到预定目标。

（二）高校教育管理过程的特点

目的性、有序性、可控性是一般管理过程的特征，而高校教育管理过程除了一般管理过程的特征，还有以下三方面独有的特点：

第一，高校教育的管理过程是高校教育管理工作者与大学生双向互动的能动过程。高校学生的管理工作是相对复杂的。在高校教育管理过程中，管理者是具有主导性作用的，被管理者则是管理过程中的主体，二者都应发挥自己的作用，努力达成统一。管理者和被管理者积极发挥主观能动性，进行二者之间相互影响、互动的过程就是高校教育管理的过程。管理者要对被管理者有一个清楚的认知并进行恰当的塑造，而被管理者对管理者的管理举措要有一个正确的理解，遵循管理者的管理指导，对自己的行为进行约束与管理，达到自我教育的效果，从而对管理和自我管理做一个很好的融合。如果被管理者能够很好地接受管理者所传达的思想观念和行为规范，并将其纳入自身的思想品德结构中，那么这种思想纳入可以“内化”成支配和控制自身思想及情感行为的内在力量帮助被管理者实现由

“管”到“理”、由“他律”到“自律”的飞跃。

第二，高校教育管理过程是有效利用学校的各种资源，为大学生提供指导和服务的过程。高校教育管理的目标是为社会不断培养和输出合格的专业人才，高校教育管理若要发挥其最大的效益，就要在高校教育管理过程中对各种资源进行合理的分配与使用，从而帮助人才成长和发展，还要将各种基本的管理要素，如人、财、物、时间等协调运转起来，继而为高校学生的成长与发展提供行之有效的指导。

第三，高校教育管理过程是保证教育目标顺利实现的过程，与大学生教育过程紧密结合。当今的高校学生的特性之一就是思维活跃，在高校教育管理的过程中，要考虑到高校学生较强的自我意识和自尊意识。这就要求管理者在管理过程中注意管教结合，以实现教育目标为前提，做到管中寓教，教中有管。管理者在管教的过程中还应注意多多提升自身的管理能力，争取在管理沟通工作中做到寓情于理，从而能使高校学生在管理过程中受到启发和教育，并逐渐内化至自身的思想结构，这样一来，受管理过程的长期影响，作为被管理者的高校学生会将内化的思想观念和行为准则转化为自己外在的行为，从而实现由“内化”到“外化”、由“他律”到“自律”再到“自为”的飞跃。

（三）高校教育管理过程的环节

决策、计划、组织是高校教育管理过程的主要环节，它们之间相互区别，又联系紧密。

1. 高校教育管理决策的环节

高校教育管理决策的环节是指高校教育管理工作者为了达到一定的目标，在掌握充分信息和对有关情况进行深刻分析的基础上，运用科学的方法，从两个以上的可行性方案中选择一个合理方案的分析判断过程。高校教育管理决策的过程共包含以下四个方面：

1）研究高校教育现状

决策存在的前提条件是有问题需要解决。因此，在制定决策之前，一定要对高校教育管理过程中是否存在问题进行了解与解析，确定了问题的存在，要分析是属于何种性质的问题，并将问题延展开，分析此类问题是否已经对高校学生的学习和生活、高校自身的建设和发展、社会的发展等产生了负面影响，由此作为依据再决定是否对此制定决策，这些问题同时还是决策的起点。高校教育管理过程中，高校高层的管理人员应积极发挥主观能动性，对学生在校园内的生活给予充分的关注，运用自身的职能把握全局，从而找出问题的关键。

2）确立目标

高校学生在高校学习、生活、对自己专业技能的培养和提升以及未来毕业后进行就业与创业时，会面临很多问题和挑战，我们要在此基础上做出分析，并且更进一步地研究这些高校学生在面临这些可能出现的问题时，采取的是何种措施、达到怎样的效果。换言之，要明确决策目标。决策目标的确立有以下方面的作用：

第一，决策目标的确立，明确了学校内部的各种目标的一致性。只有目标一致，工作才能够很好地开展下去，也有利于高校和学生的健康发展。

第二，决策目标的确立，同样明确了高校教育管理工作的方向。高校在进行教育管理的资源调配过程中，就可以将决策目标作为依据，顺利地开展管理工作。

第三，决策目标的确立，对学校内各方面的良好氛围的形成与培养有着重要的作用。高校学生在高校内的学习和生活会持续很长一段时间，因此能够为学生提供和促成一种井然有序的学习，生活秩序至关重要。决策目标的确立可以促进形成这种普遍的思想状态和生活氛围。

第四，决策目标的确立，可以有效地帮助识别是否和学校目标保持一致的学生群体。对和学校决策目标保持一致的学生而言，决策目标的确立和实行可以有效地帮助他们形成良好的学习实践活动和生活核心；对和学校决策目标不太一致的学生而言，决策目标的确立和实行也为阻止学生的不良活动提供了一种解释。

第五，决策目标的确立，可以帮助学校将目标细化并转化成一种分工结构，即促进学校总目标和不同阶段目标的分工结构的形成，这也有利于学校内部将任务分配到各个责任点上。

第六，决策目标的确立，对组织预算和控制各项活动的成本、时间和成效都有很大的帮助，用这种可预估和可控制的方式有助于提供一份组织目标和把这种总目标转化为分阶段目标的详细说明。

3）拟订决策的方案

选择是在拟订决策方案时的关键，提供的可选择方案越多，越容易做出正确的选择。只有通过举办多种多样的活动，才能对目标有一个很好的实现，因此需要拟出多个决策方案来帮助目标的实现。决策目标的成功实现往往伴随着众多的决策方案的实行，因为对于管理者而言，若行事方法只有一种，那么这一种方法极有可能是错误的，这就要求管理者思考多种优良方案。

4）进行优劣比较与选择

方案拟订以后，就需要对方案的优劣进行评价和比较，进而做出考虑和选择。一般而言，会通过三方面因素来进行选择：首先，要检查方案的实施条件是否完备，同时预算方案成本；其次，若方案实施成功，可以为高校和学生带来怎样的短期利益与长期利益；最后要提前预测方案实施过程中可能遇见的各种问题和困难，从而预估方案实施成功的概率有多大。在将所有的方案通过以上三类要素进行评估之后，得出的差异化结果可以帮助我们分析每个方案的优势和劣势，帮助我们更好地选择。明确方案优劣后进行的选择，不仅可以让方案的优势得以发挥，还可以对方案中的劣势环节进行充分的准备与解决，并同时预备好应急策略以面对突发情况，从而避免不必要的损失。

2. 高校教育管理计划的环节

高校教育管理计划的环节就是在决策既定目标的前提下，进一步根据实际情况，科学地、及时地预计和制订为达到一定的目标的未来行动方案。具体而言，就是通过将学校在一定时间内的活动任务分解给学生管理的每个部门、环节和个人，从而不仅为这些部门、环节和个人的工作以及活动的检查与控制提供依据，而且为决策目标的实现提供组织保证。

1）高校教育管理计划制订

一般而言，高校教育管理计划的制订可以遵循以下四个步骤：

第一，收集资料，为计划的制订提供依据。由于计划多种多样，所以进行计划制订的时候，一定离不开不同专业和不同年级高校学生的资源配合与执行，所以计划制订者在制订计划的时候，需要搜集多专业、多年级的高校学生的活动能力及外部资源的资料，为计划者制订计划提供合理有效的依据。

第二，目标或任务分解。依据决策总目标，进行阶段性目标分解实现的分工结构，有助于将长期目标细化成阶段性的目标，从而将阶段性的目标落实进各个部门、各个活动环节，有效地明确每个阶段性目标的责任，促进工作的良好开展。目标或任务分解的主要目的还是促进学校形成良好的目标结构，即目标的时间结构和目标的空间结构。依据目标结构，高校目标可以分为较高层次的目标与较低层次的目标，较高层次的目标一般而言是总体目标和长期目标，而较低层次的目标一般而言是部门、环节和各阶段目标，目标结构就是描述了这二者之间相互指导与保证的关系。

第三，目标结构的分析。目标结构分析主要是研究高校较低层次目标（高校各阶段目标）对较高层次目标（高校长期目标）的保证能否落实，这点对高校教育管理计划的制订十分重要。高校各部分各阶段目标的达成，是促使整体目标的实现的必要条件。高校若在阶段目标的实现过程中发现某个或某些具体的目标无法达成，就要考虑采取相关的补救措施，以促进整体目标的达成，若出现具体目标无法补救的情况，就需要考虑对较高层次目标进行相关调整和修订了。

第四，综合平衡。高校教育管理计划的制订还应注意综合平衡的工作。平衡工作一般分为时间平衡和空间平衡，即与决策目标结构对应的学校各部分在各时期的任务是否相互协调和衔接。分析学校各阶段任务是否相互衔接，以保证学校活动能够顺利进行的工作，是时间平衡方面的工作；分析学校各阶段各部分任务之间是否协调，以保证学校整体性活动能够相互进行的工作，是空间平衡方面的工作。高校活动是否能够顺利进行与高校对其资源供应有着密不可分的关系。高校活动的进行和实施离不开高校的资源供应，能够在恰当的时间为活动筹集到足够的物资，保证活动的顺利举行和持续性开展，是综合平衡工作中的一部分。

2）高校教育管理计划的执行

高校教育管理计划制订之后，就要对制订的计划进行执行，若没有执行的步骤，任何计划都是空谈。在高校教育管理计划的执行过程中，高校管理者和高校学生是计划执行的主要力量，计划的执行过程中是否能够保质保量，是否能够圆满完成，很大程度上取决于执行者，即高校教育管理者和高校学生在计划执行过程中是否积极发挥了主观能动性

3）高校教育管理计划的调整

任何计划执行的过程，都不是一成不变的。计划制订后执行的期间，时常会有实际情况的变动，而此时执行者就需要根据实际情况对计划的执行做出最恰当的调整。另外，不仅会有客观因素的影响，随着时间的推移，执行者的认知也会随之发生不断改变，对计划的实时调整，有助于执行者更好地执行计划，从而呈现出最好的计划成效。

高校教育管理计划同样需要执行者根据实际情况进行不断的恰当调整。滚动计划就是能够符合高校教育管理计划调整的一种现代计划方法，它的特点是可以在计划执行过程中根据实际情况的相应变化对计划做出实时恰当的调整。这种方法根据计划的执行情况和环境变化情况定期修订未来的计划，并逐期向前移动，使短期计划、中期计划有机结合起来。一般计划的制订是符合当时条件的最恰当的内容，但随着时间的推移与发展，很多因素都会随之变化发展。计划工作的难点之一就是很难从开始就全盘预估到后来的情况，并且随着计划的延长，工作中的变化和不确定性因素会逐渐增多，如果仍然按照过时的计划开展工作，肯定会带来不可预估的损失和不良后果。滚动计划的采用就很好规避了这种不确定性带来的不良后果。

滚动计划的基本做法放到高校教育管理计划执行的过程中来就是，高校先制订好一个时期的计划，然后执行者在计划的执行过程中，要注意高校内外因素的变化，并根据这些变化对计划加以修正，使计划不断地延伸和发展，滚动向前。一般而言，长期计划在执行

过程中，所面临的执行环境是非常复杂的，因素变动也是最多的，所以滚动计划方法更多的是在长期计划中的应用，通常是对长期计划进行的修正和调整。如滚动计划可以根据高校内外条件因素的变化和计划实际的开展情况，来进行适时恰当的修整，从而促进一个为高校各部门、各阶段活动作导向的长期计划的形成。当然这种计划方式也不是完全绝对的，也是可以应用到短期计划工作中的，如年度和季度计划的制订与修正。

3. 高校教育管理组织的环节

为了使高校内人、财、物、信息、时间、技术等资源都得到最佳且合理的配置与应用，高校教育管理组织应运而生。高校教育组织是一个高校学生管理机构和学生工作管理者，通过对管理机构的建立，对职位职责和职权的确立，对各方关系的协调，把组织内各要素联结成一个有机整体，从而对计划进行有效的实施与修正的组织。高校学生的健康成长、良好的未来发展和高校教育管理目标的实现，都离不开科学的高校教育管理机构的设置和合理有效的组织工作的实施，而科学合理且能行之有效的高校教育管理机构的建构就至关重要。

第三节　高校教育管理的内容及方法

一、高校教育管理中学生行为管理及方法

行为是一个人的思想状态和精神面貌的外在表现。对高校学生行为的必要规范和管理有助于良好校风、学风的形成，有利于青年学生优良品德和行为习惯的养成，对社会的安定与和谐、文明风尚的形成也有着重要的影响。

（一）高校学生学习行为管理及方法

大学阶段，学习是学生的首要任务，高校学生的学习行为直接影响自身的成长与发展。因此，加强高校学生学习行为的管理和引导，能够帮助学生培养积极的学习意识、掌握科学的学习方法、养成良好的学习习惯，为未来成长成才奠定良好的知识基础。

1. 高校学生学习行为的类型划分

1）按照学习的方式划分

第一，教师引导型。高校学生在大学阶段的学习行为主要通过教师的引导、传授获得。集中的课堂专业学习已难以满足学生发展的全方位需求，教师除进行直接的知识传授

外，更多地扮演指导者和领路人的角色，为学生的学习行为指明方向、提供资源、分享经验、答疑解惑。

第二，独立研究型。独立研究型指学生通过利用网络、图书馆等学习资源独立开展学习和研究。

第三，集体研讨型。集体研讨型指学生可以根据兴趣、爱好、专业的不同组成学习小组，集体进行研讨学习的学习行为类型。高校学生在学习过程中，除了在教师指导下进行专业学习外，还经常会组建以学习为目标的各种群体，通过朋辈交流开展学习活动。

2）按照学习的动机划分

学习动机是推动学生从事学习活动，并朝一个方向前进的内部动力。学习动机和学习行为相互影响。一方面，人的学习需要一定的学习动机来维持；另一方面，学习动机需要通过具体的学习行为实现。按学习动机可将高校学生的学习行为分为以下类型：

第一，自我实现型。自我实现型指高校学生以实现个体的需要、兴趣、理想、信念、人生观等作为主要学习行为动机而开展的学习行为。对学习个体而言，这类学习动机属于内部动机，具有积极性、自觉性和主动性等特征。

第二，知恩图报型。知恩图报型指学习行为动力主要来源于对父母、师长、社会恩遇的回报。这类学习行为主要以情感为基础，学习动机一般相对稳定。

第三，谋求职业型。谋求职业型主要以寻求理想的职业作为学习动力的学习行为。此类学习动机属于外部动机，往往会随着外部条件而不断发展变化。

第四，应对考试型。应对考试型主要以通过考试、取得成绩作为学习动力而激发的学习行为。

3）按照学习的结果划分

第一，言语信息的学习。言语信息的学习即学生掌握的是以言语信息传递（通过言语交往或印刷物的形式）的内容或者学生的学习结果是以言语信息表达出来的，这一类的学习通常是有组织的，学习者得到的不仅是个别的事实，而且是根据一定的教学目标给予许多有意义的知识。

第二，智慧技能的学习。智慧技能的学习是指学习者将利用符号转化成自身能力的学习。智慧技能并不是单一形式，它有层次性，由简单到复杂，包括四层次：辨别、概念、规则、高级规则。言语信息的学习帮助学生解决“是什么”的问题。而智慧技能的学习要解决“怎么做”的问题，以处理外界的符号和信息，又称过程知识。

第三，认知策略的学习。认知策略是学习者用以支配自己的注意、学习、记忆和思维的有内在组织的才能，这种才能使得学习过程的执行控制成为可能。简单而言，认知策略就是学习者用来“管理”他的学习过程的方式。这种使学习者自身能管理自己思维过程的内在的有组织的策略非常重要，是目前教育心理学研究中的热门课题。认知策略的培养也应该成为学校教育的重要任务之一。

第四，态度的学习。态度是通过学习获得的内部状态，这种状态影响着个人对某种事物、人物以及事件所采取的行动。人的行动是受态度影响的，而且态度还是人的动作的结果，因此学校的教育目标应该包括态度的培养。

第五，运动技能的学习。运动技能又称为动作技能，如体操技能、写字技能、作图技能、操作仪器技能等。

2. 高校学生学习行为的特征表现

（1）专业性与广泛性并存。由于大学教育在培养目标、教学内容、课程设置上具有明确的专业划分，高校学生的学习活动一般都围绕某一类专门性学科、依据专业的培养目标展开，其学习行为带有鲜明的专业性特征。另外，在大学课程体系中还包含外语、计算机等共同基础知识，伴随高校学生学习活动的空间逐渐从课内向课外拓展，从现实向网络拓展，高校学生除专业学习，还经常根据自身兴趣爱好广泛涉猎、自主学习各种理论知识和技能。因此又呈现广泛性特征。

（2）自主性与依赖性的并存。当前在高等教育学分制和弹性学制的背景下，高校学生的学习行为具有鲜明的自主性特征。他们可以在完成规定课程学习的基础上自由选课，有较多的业余时间对学习目标和内容进行规划设计，有目的地开展学习活动。但是，高校学生由于受到自身素质、知识结构、学习能力等方面的限制，一定程度上还需要在教师的指导下进行学习活动，其学习行为还存在一定的依赖性。

（3）阶段性与整体性并存。就现实而言，高校学生在大学学习的不同阶段，其学习目标和学习重点也往往各不相同。如本科生在大一年级时学习处于过渡期，还处于中学和大学之间的转型阶段，其学习行为多侧重对专业基础知识和公共基础知识的学习。进入大二年级，学生已经开始侧重进行各种专业理论和基本技能学习，这一阶段的学习行为往往呈现出一定的稳定性。到了大三年级，高校学生的学习目标日益明晰，学习内容逐渐向纵深发展。围绕各自目标，学生的学习行为差别趋于明显。进入大四年级，学生开始面临择业问题并即将走向社会，学习行为更具有实用化、实践化的倾向，如进行专业实习、毕业设计、参加就业技能培训等。在高校学生学习行为呈现阶段性特征的同时，就整体而言，高校学生的择业成才的学习目标相对确定，所学专业的学习内容相对稳定，学习行为始终围绕自身的学习目标和学习内容这一核心开展，也呈现出整体性特征。

3. 高校学生学习行为的管理方法

（1）明确学习目标，激发学生学习动机。学习动机与学习目标是紧密联系的，任何学习动机都是出于学习目标的需要。对于高校学生的学习行为管理引导，首要的任务就是帮助学生树立科学的学习目标、强化学习行为的目标意识，进而形成科学的学习动机。具体而言：一要引导学生充分理解个人需要与社会发展之间的关系。能够将个人需要与社会发展相结合，树立科学的学习成长目标。具体工作中要通过外在正面激励强化、职业发展辅导等方式，帮助学生认识到只有树立起明确的学习目标，才能在大学期间获得充分的发展。二要充分激发学生的深层次学习动机。在当前高校学生就业形势比较严峻的背景下，学生学习动机实用化、功利化是有其合理性的，但是学习行为的过分功利化，会逐渐导致学生失去学习的愿望和兴趣，甚至阻碍学生的发展成才。开展学习行为管理，要从每个学生个体的自身特质和兴趣爱好出发，通过唤醒学生的内在学习兴趣、激发求知欲，引导学生正确认识学业发展、树立积极的学习期望，从而挖掘学生的最大潜力，形成长期的学习动力。

（2）强化自主学习管理模式，提升学生自主学习。大学阶段的学习，传授知识固然重要，但更为关键的是培养学生自主学习的能力，为其未来走上社会、终身学习奠定基础。一方面，要有针对性地客观分析学生内在素质，进而针对学生个性特点和发展需求，制订合理的阶段性学习规划，对学生自主学习进行方法指导；另一方面，可以探索自主学习与小组学习相结合的方式，改变学生在学习上习惯一个人单独学习多，而小组合作学习少的状况，组织学生进行合作学习，充分发挥朋辈集体智慧，促进自身学习能力的提升。此外，还要为学生自主学习提供充足的资源和良好的环境，不断丰富完善图书馆、网络教学等公共学习资源，积极为学生创造自主学习实践机会，让学生在实践探索中不断强化自主学习意识，提升自主学习能力。

（3）建立长效学习奖惩机制，营造学习氛围。学习奖惩机制是国家和学校人才培养方向的具体体现，对学生学习行为有着直接的导向作用，是确保学生学习行为健康发展的重要制度保障。一方面，以促进学生全面发展为指向，本着正面激励为主的原则，构建科学长效的学习奖励机制。对综合素质较高、专业学习优异、专长突出的同学给予充分的物质奖励和精神奖励，充分激发学生的内在学习动力和学习的积极主动性，为学生学习行为提供明确的发展导向。另一方面，学校要切实加强高校学生学习行为的纪律规范，保障学校正常的教育教学管理秩序，加强校风学风建设，对于违反学校相关管理规定的学生，要严格公正地纠正其不当的学习行为，要本着教育为本、严格规范的原则进行管理，建立警示、预防、处理等相关机制，严肃校风校纪，为学生提供公平、公正的学习环境，营造诚信、踏实的求学风气。

（二）高校学生交往行为管理及方法

交往是社会群体对于个体的必然要求，也是个体具有的社会群体属性的内在需要。在当今社会，交往能力日益成为一个人基本能力与综合素质的重要体现。因此，新时代加强高校学生交往行为管理和引导，对于高校学生正确进行人际交往，促进其自身全面发展具有重要意义。

1. 高校学生交往行为的类型划分

从高校学生成长过程上看，高校学生交往行为是他们走向社会化的关键环节。当前伴随社会主义市场经济和高等教育改革的不断深化发展，高校学生的交往活动更为复杂和广泛，交往范围、对象、内容、方式都发生了深刻变化。当前在高校学生交往当中，其行为主要可从以下维度进行划分：

（1）按照交往的范围划分：一是个体与个体之间的交往行为，即高校学生作为独立个体，根据自身需求有目的地进行交往的活动。此类交往活动过程中的交往双方能够建立起对于彼此的信任感和依赖感，是高校学生人际交往中最常见的类型。二是个体与群体之间的交往行为，是指一个人和有共同目标的群体之间的交往。具体而言是高校学生根据自身的兴趣、爱好、特长等寻找适合并接纳自己群体的一种行为。在个体与群体的交往过程中，高校学生期望在群体中找到认同感和归属感。三是群体与群体之间的交往行为，指两个或两个以上群体之间为了实现某种目的而进行的交往活动，如班级与班级之间、寝室与寝室之间等以群体形式展开的交往活动。

（2）按照交往的对象划分：一是差异性主体交往行为，主要包括师生交往、学生与家人交往以及学生与其他相关社会人员交往。在高校，师生交往是差异性交往的一种主要形式。差异性主体交往要求以交往共同体中的每一方都必须以人格上的独立与平等为基本前提，同为交往过程的主体相互影响、相互作用、相互渗透。这种相互作用因为交融了两种“主观性”，因此最复杂、最生动。二是相似性主体交往行为，主要指生生交往，即学生之间通过对话和活动而达成一致的交往活动。

（3）按照交往的内容划分：一是学习交往，是指交往双方以学习为目的而进行的人际交往行为。学习交往一方面包括学生之间通过课堂上的相互讨论以及课外学习中的互相帮助、相互鼓励等交往活动；另一方面也包括师生之间的教学交往行为。二是工作交往，主要是指在班级社团等学生组织开展的学生工作中形成的高校学生交往行为，如参加学生会竞选、举办校园文化活动等。三是情感交往，是指以情感交流为主的高校学生人际交往行为，主要包括与家庭成员间的亲情式交往、与朋友间的友情交往和与异性之间的爱情式交往。

(4) 按照交往的方式划分：一是口头交往，指以语言交流为主要手段的交往方式，既包括面对面的语言交流，也包括通过电话等形式进行的语言交流。这种交往方式简洁、方便、准确，能够实现交往双方思想充分快速的交流沟通。二是书面交往，即以文字作为交往的主要手段，通过书信、文章等传统交往形式进行思想交流。三是网络交往，主要指高校学生通过互联网、手机短信等新媒体技术开展的人际交往行为。网络交往具有跨地域性、便捷性、虚拟性等特征，日益成为高校学生开展人际交往的重要载体。

2. 高校学生交往行为的特性表现

从人际关系的发展变化来看，当代高校学生的交往范围逐渐向社会群体交往转变，从高校学生交往对象、交往形式和交往动机等方面看，主要表现出以下特性：

(1) 从交往对象上看，高校学生交往范围不断扩大。由于当前高校学生学习、生活方式的变化，高校学生的交往对象由师生交往、亲人交往、同学交往逐渐扩大，开始跨年级、跨学院交往，部分高校学生的交往活动甚至走出校园，出现广泛的社会交往活动。在这一过程中，主要有两方面特点：一是高校学生在交往过程中，往往会根据各自不同的交往程度和兴趣爱好，结成或松散或紧密的交往圈，并且以寝室为核心向班级、学院、学校逐渐扩展，逐渐形成开放的人际交往网络。二是其交往对象随年级增长而呈现阶段性变化。低年级学生以同学间交往为主，但随着年级增长，高年级学生因为受到考研、就业等不同的现实选择影响，出现了明显分流现象，同学间交往呈下降趋势，与父母、亲友、校外人员的交往成为高校学生交往活动的主要方面。

(2) 从交往形式上看，高校学生的现实交往向虚拟交往延伸。当前，伴随网络技术的快速发展，越来越多的高校学生已经表现出依赖网络虚拟的交往来寻求内心满足的发展趋势，高校学生的虚拟交往范围逐步扩大，成为现实交往的重要延伸。随着电子邮件、网络寻呼、博客、播客、虚拟社区的发展，学生的交往范围也在逐渐向更为广阔的空间拓展。高校学生喜欢网络交往主要是因为网络中的虚拟空间会给他们相对宽松的环境，网络社交帮助学生缓解现实生活的压力、满足好奇心，寻求一种角色转换，与此同时，网络交往通过文字、图像、视频等方式来交流信息、表达情感，其交往方式往往更容易被高校学生所接受。

(3) 从整体上看，高校学生学习发展目标相似。多数学生的交往主要建立在情感需求基础上，但由于近年受到社会多元化思潮的影响，高校学生的交往动机也逐渐呈现精神追求与现实需要并重的基本特征。在当前高校学生交往活动中，最为主要的交往动机表现为

“欣赏他人个性”“发展共同爱好”“共同学习生活”等方面。就年级差异而言，低年级学生由于尚未形成很好的人际网络，加之相对陌生的生活环境带来的孤独感，促使他们在交往中除了以共同的精神追求为交往基础之外，更侧重“结伴学习生活”这一现实需求。大学高年级学生已经逐步适应了大学的学习生活方式，独立、自主意识增强，对于人际交往的精神需求加强，他们更注重共同的价值观念和人生理想。但同时，伴随就业、考研等现实性问题，高年级部分学生愈加注重人际关系对自我未来发展的实用性，在注重共同的兴趣基础上，部分高校学生的交往动机也明显呈现出实用性倾向。

3. 高校学生交往行为的管理方法

高校学生处于渴望交往、渴望尊重的心理发展阶段。良好的人际交往能够有效促进高校学生的社会化，提升高校学生综合素质，为其个性发展与完善创造条件。一般而言，教育管理者可以通过交往观念引导、提高交往能力等方面来帮助高校学生，建立和谐健康的人际关系。

（1）引导高校学生树立正确的交往观念。当代高校学生的交往活动逐渐走出校园、走向社会，交往环境日趋复杂。由于高校学生生理、心理处于逐渐成熟阶段，人生阅历和人际交往经验不足，往往缺乏科学的交往观念，造成人际关系紧张。因此在高校学生交往行为的管理引导过程中，应该帮助高校学生确立基本的交往原则、交往规范，帮助其形成正确的交往观念，引导高校学生在交往活动中，明确平等尊重、团结互助、诚实守信等基本行为规范，树立科学交往观。具体而言，要从三个方面开展教育引导：一是将弘扬优良传统与弘扬时代精神相结合，在高校学生当中树立文明交往典范，鼓励高校学生通过民主讨论、辩论演讲等方式，在体验过程中受到熏陶，促进高校学生认同并接受正确的交往观念；二是从日常生活入手，坚持将日常行为规范渗透到高校学生学习、生活的各个环节，在寝室、班级形成互帮互助、团结友爱、积极向上的交往环境，从而引导高校学生共同构建和谐向上的人际交往环境；三是通过典型案例，帮助高校学生了解错误交往观带来的危害，帮助高校学生明辨是非，引导他们积极抵制错误的交往观念和交往行为。

（2）在交往实践中有效提升高校学生的交往能力。高校学生交往训练，就是以提高高校学生交往能力为宗旨、促进高校学生社会化为目的的一种教育形式。作为教育管理者必须帮助学生树立正确的交往目的，选择正确的交往对象、鼓励学生参加各种交往活动，提高他们人际交往的信心。要强化交往实践训练，引导高校学生塑造出个性化的交往技巧，在表达能力、认知能力和控制能力等方面不断加强锻炼，从而提高他们对于人际关系的感受、适应、协调和处理能力。交往实践的训练可以通过两方面进行：一方面，可以通过积极组织丰富多彩的校园文化活动，加强同学之间的交流和沟通，通过丰富多样的学生群团组织让学生体会不同的社会角色，使学生能够有意识地进行交往，引导学生尽可能扩大自己的交往接触面，有意识地、主动参与交往活动，主动与他人建立社交关系，从而在具体的交往环境中，学习基本的礼仪知识、交往策略，不断在体验中获得交往经验；另一方面，可以着力强化班集体、宿舍、社团等学生交往载体建设，营造良好的群体交往环境，通过群体的健康氛围来影响个体学生的交往心理，进而通过群体的整体带动为其创造交往机会，提升其人际交往能力。

由于高校学生管理工作是面对不同地域、不同环境、不同时间的不同学生展开的，以上所阐述的主要是引导和管理高校学生交往活动中一般性的方式方法。作为教育管理工作者，在处理学生交往行为的实际工作中，应根据具体情况做出灵活调整，做到因人而异，因时而异，创造性地预防和处理学生交往问题。

（三）高校学生消费行为管理及方法

1. 高校学生消费行为的类型划分

当代高校学生消费形式多样，但是按照不同的消费目的与消费内容，高校学生消费行为主要包括学习消费、生活消费、交际消费、文化消费等多种类型。

（1）学习消费。高校学生在学习方面的支出所占比重较大，其中包括学费、教材费、辅助性学习资料消费等。当前，考取各种资格认证在一定程度上成为高校学生学习消费的新领域。除大学英语四、六级证书及计算机等级证书外，逐渐兴起的职业技能鉴定部门组织的证书考试，如导游资格证、心理咨询师资格证也占有一定比重。此外，韩语、日语、西班牙语等第二外语培训，雅思、托福考试也成为高校学生学习消费的新项目。

（2）生活消费。高校学生用于衣、食、住、行等方面的生活消费一直是高校学生消费的主要方面，具体包括饮食、交通、服装、饰物、生活用品等。随着社会生活水平的提高，高校学生生活消费中用于满足基本生存需要的比重逐渐降低，在消费时更加注重生活质量的提升。

（3）交际消费。当前高校学生用于在校与人交往联络的交际消费支出日益增多，成为高校学生消费行为的主要类型之一。高校学生群体思维活跃、个性鲜明、交流广泛，加上社团和兴趣小组组织开展的文化活动，使高校学生交际日趋频繁而多样，其交际消费在整个支出中的比重也有所增加。

（4）文化消费。文化消费指高校学生用文化产品或服务来满足精神需求的一种消费，包括教育、文化娱乐、体育健身、旅游观光等方面的消费。这种消费活动实际上是对学生精神生活需要的满足，对于高校学生来讲必不可少且非常重要。

2. 高校学生消费行为的特性表现

高校学生经济尚未独立，消费行为受到家庭条件的制约，但他们的消费需求又较为强烈，消费意识、消费观念也相对超前，使高校学生消费行为呈现出自身的特点。具体地讲，主要表现在以下方面：

（1）消费内容多样化。高校学生的消费主要是用于满足生活消费，其余部分也多会用来购买学习相关用品和自己喜欢的书籍，用于娱乐的费用相对较少。高校学生自身具备充足的消费时间和便利的消费条件，并且随着经济的迅速发展，市场消费产品丰富，高校学生群体的消费观念也发生了变化。高校学生群体的消费不再局限于满足日常学习和生活，文化消费和精神消费额度逐渐提升，消费内容日趋多样化。

（2）消费合理性与盲目性并存。一方面，多数学生能够在消费活动中充分发挥自身主观判断能力，在消费过程中认真思考，通过一定的比较后，从实际需要出发进行合理的选择，能够在消费活动中做出理性的决策。另一方面，由于目前高校学生的大部分生活经费主要由家庭供给，但家长对于高校学生在校期间的消费信息缺乏了解，难以对学生消费行为进行明确限制，加上部分学生缺乏理财观念和能力，在消费时具有一定的盲目性特征，出现了盲目消费和高档消费。高校学生管理工作者要准确把握这些问题，不失时机地引导学生树立理性的、科学的、长远的消费观念。

3. 高校学生消费行为的管理方法

（1）引导高校学生树立正确的消费观念。高校教育管理者应该从高校学生的消费观这一方向入手，培养学生勤俭节约、艰苦奋斗的价值观念。不同经济条件和年级阶段的学生其消费行为存在一定差异。高校学生管理者应加强分类教育，提升教育的针对性，引导高校学生树立科学的消费观念。当前，在高校学生群体中，学生的消费水平差异日趋扩大，迫切需要针对不同层次的消费群体，开展针对性教育。对于经济条件相对较好的学生，倡导积极的消费文化，通过志愿服务、社会实践等途径锻炼这一部分高校学生，使他们在实践中提升生活品位，树立追求丰富的精神生活的观念，引导着眼于未来的发展型消费。针对经济条件较差的高校学生，应该鼓励他们自强自立，为他们提供更多的勤工助学岗位，同时发挥榜样示范作用，在学生中选取勤俭节约、逆境成才的典型，通过“身边人讲述身边事，身边事影响身边人”的形式引导学生树立科学正确的消费观念

（2）提升高校学生科学规划消费行为的能力。学会理财是高校学生能够独立自主生活的重要条件之一，进行理财指导，其核心是引导教育高校学生合理分配生活中的各种费用，发挥最大效益。高校教育管理者应从和学生生活息息相关的内容入手，帮助高校学生

形成科学的理财意识，鼓励他们更多关注自主成长和职业发展的需要，增加发展型消费的比例。一方面，进行理财规划指导。引导学生每个月做好消费计划，量入为出，科学合理消费。控制自身每月的消费上限，并能够详细记录每一笔消费，为自己建立一个计划性强且富有弹性的消费习惯。另一方面，引导学生提升发展性消费比例。开展消费行为认识活动、自我理财方法指导，帮助高校学生正确分析自我消费需要的种类、层次，合理分配用于生存、享受和发展等方面的消费支出。引导学生根据自身实际情况，提升学习消费等发展性消费的比例，提高消费结构中的文化、教育含量，从而实现最大的消费效益，满足自身成长成才的需求。

（3）多渠道约束和监督高校学生消费行为。高校学生的消费行为是高校学生个人与环境交互作用的结果。虽然高校学生消费具有较强的自主性，但学校内外的环境也会对其消费行为的方向和方式产生重要影响，因此要整合学校内外的各种教育资源，多渠道引导高校学生理性消费。就学校而言，为了维护正常的教学秩序和保证高校学生的健康成长，要从制度上做出明确的规定，如从公寓管理的角度限制高校学生因娱乐而晚归或不归的行为。就家庭教育而言，加强父母对子女教育的参与，学校应设法为家长提供教育、沟通的渠道，及时通报学生在校情况。父母不应该只是教育经费的提供者，也应该扮演引导和帮助孩子成长成才的角色。就社会氛围而言，营造健康向上的消费文化，为高校学生理性消费创造条件。就学生自身而言，充分发挥学生自我管理能力，引导班集体、寝室等学生主要生活群体通过制定学生消费行为准则等方式，促使学生对消费行为进行自我监督、自我约束，养成健康文明的行为方式和生活习惯。

（四）高校学生社会实践行为管理及方法

1. 高校学生社会实践行为的类型划分

1）按照实践范围划分

高校学生社会实践行为的范围与空间广泛，按照高校学生开展社会实践活动的范围进行划分，主要包括校内社会实践行为和校外社会实践行为。校内社会实践行为包括校内勤工助学、毕业设计、军事训练等；校外社会实践行为包括校外教学实践、校外专业实习、假期工作实践、社会调查、咨询服务、支农支教、社区服务等。

2）按照实践内容划分

第一，学习研究型。学习研究型主要是指高校学生在专业教师的指导下，针对某一专业问题或社会热点问题，深入社会进行调查研究。参与此类实践活动可以培养高校学生发现问题、解决问题的意识和能力，在形成调研报告、发表科研成果的过程中还可以锻炼学生的学术科研能力。学习研究型还可包括由学校根据学生专业需求，统一组织学生参与到相关企事业单位进行的专业实习锻炼。

第二，志愿服务型。志愿服务型主要指学校、学生社团或学生个体为满足社会需要而开展的公益性志愿服务活动，如绿化城市、美化校园、科技扶贫、义务演出、义务宣讲等，此类社会实践行为既可以帮助学生走进社会，了解社会，还能够培养学生无私奉献的精神及高度的社会责任感。

第三，参观教育型。参观教育型社会实践行为主要指学校或学生自发组织走进社会，到工厂、企业、历史胜地、文化古迹等进行参观考察，学生通过直接的感官体验，了解国情，升华思想，从中得到教育和启迪。

第四，有偿劳动型。有偿劳动型指高校学生以获得经济报酬为主要目的而进行的社会实践活动，既包括由学校为学生提供的勤工助学岗位，如图书管理、助研管理等，也包括学生个体或集体自发组织参与的相关行为，如从事家教、推销产品、利用寒暑假时间到企事业单位打工锻炼等。此类社会实践行为有助于培养学生勤劳肯干的作风和艰苦奋斗的精神，提升就业能力。

2. 高校学生社会实践行为的特性表现

（1）体验性。实践体验是高校学生学习知识、掌握本领的一个重要途径。高校学生的理论学习往往通过课堂内学习得以实现，社会实践则更强调从感性上获得对社会各方面的认知、理解、体验和感悟。通过社会实践，学生可以将自身原有的知识经验与亲身接触的社会实际进行印证和比较，将抽象的理论知识与具体的实际问题联系起来并相互转化。

（2）专业性。高校学生社会实践是高校教育教学不可或缺的重要环节，往往体现出所学专业理论知识与社会实践行为紧密结合的鲜明特征。主要体现在两方面：一是高校学生社会实践行为的目的是通过实践检验、反思所学的专业理论知识，最终运用所学专业知识服务社会，实现自身价值。二是高校学生社会实践行为的内容和方式具有专业性。高校学生具有突出的专业知识和专业技能优势，能够更好地服务于社会各项事业的发展。

（3）阶段性。高校学生社会实践行为的阶段性特点主要表现在两方面：一是就高校学生社会实践行为本身而言，是高校学生社会化过程中的一个重要阶段。高校学生处于人生中的成长成熟阶段，其社会化的任务是为进入社会、承担社会责任做好全面的准备，这一阶段的实践成果主要通过学习获得。二是实践内容的阶段性，主要表现为社会实践形式随着年级的增长而变化，如低年级学生的实践行为主要集中在校园内及其周边，以活跃课余文化生活、培养兴趣爱好、提升能力为主要目的；高年级学生的实践行为会更注重深入社会，通过调查研究、教育实习等方式把专业知识与社会实际联系起来。同时，除贯穿整个大学过程的学习研究实践外，各种实践行为都具有学生参与时间上的阶段性。

3. 高校学生社会实践行为的管理方法

（1）完善运行机制

完善运行机制，充分调动高校学生参与社会实践的积极性，具体内容如下：

第一，将社会实践作为学校教育教学活动的重要环节纳入整个教学体系，将社会实践作为人才培养过程中的重要环节。引入学分制，督促学生在完成实践活动后上报成果，对成绩合格者给予相应学分。

第二，建立健全保障和激励机制。如设立专项基金，用于解决学生外出交通、住宿、参观等费用。对在社会实践活动中表现优异的学生给予一定的物质与精神奖励，还可将社会实践作为参与评奖评优、保送研究生、推荐就业单位的考核依据等。

第三，建立考核评价机制。进一步健全社会实践活动的考评体系，设立科学的考核标准和考核办法，全方位、多角度、全程式对学生实践活动给予评价。对实践行为做出客观反馈的同时，促使学生深入反思实践中的经验与不足。

第四，努力实现社会实践运行的基地化、项目化及社会化。具体而言，可以加强与社会单位的联系，有计划地建立一批稳定的社会实践基地，以招标的形式确立实践项目，确保实践活动的实效性。

（2）强化专业指导

强化专业指导，确保学生社会实践活动的科学开展。学校应结合实际，建立和完善校院（系）两级学生社会实践活动指导体系。在学校层面，要设置专门的由学校分管领导在内、有关部门负责同志组成的高校学生社会实践领导小组，加强高校社会实践的对内组织指导和对外联络沟通，建立科学规范的管理制度，保证社会实践有步骤、有计划地进行。在各院系层面，应发挥院系的专业优势、整合社会资源，选拔一支优秀的指导教师队伍，为学生社会实践活动提供专业指导，确保社会实践取得良好的效果。此外，高校还要加强对学生社会实践活动的理论研究，探索高校学生实践行为的科学发展体系。

（3）加强示范宣传

加强示范宣传，进一步扩大社会实践活动效果的影响力。在实践行为进行的全过程中开展示范宣传教育，对扩大社会实践活动及其效果的影响力，实现宣传、鼓励和教育的目的有着重要作用。高校可以利用多种方式，强化社会实践参与者与其他学生的交流互动，增强示范引导作用。

一方面，选拔和培育示范性的社会实践团队和个人，提供更广阔的展示平台和发展空间。高校教育管理工作者要从学校层面支持高校学生的社会实践行为，提供更大的展示平台和发展空间。要充分发掘，开展评选活动，选拔出对高校学生全面发展有积极作用和广泛影响的社会实践活动，给予适当奖励和宣传。还要加强培育，根据学生个性特质和兴趣方向组织开展社会实践活动，有意识地培育优秀的社会实践团体和个人。另一方面，多渠道宣传，提升社会实践影响力。通过网络、报纸、广播等多种形式宣传优秀社会实践活动的社会效益，以及在实践过程中的典型人物、事件、成果等，鼓励更多的高校学生自主参与到社会实践活动中，在服务社会的过程中提升素质，全面成长成才。

二、高校教育管理中学生群体组织管理及方法

高校学生群体组织是高校组织中的重要组成部分。对高校学生群体组织的管理和规范有利于组织及组织成员特定目标的实现，有利于高校学生自身能力素质的提升，对规范校园秩序、促进校园文化建设也有着重要的影响作用。高校学生组织作为一种学校教育组织，是高校学生实现自主发展的主要途径，同时也是开展高校学生思想教育的重要载体。

（一）高校学生正式群体管理及方法

以党团组织和班级为基础的正式群体，是高校学生融入校园生活的基本载体。要切实加强对党团组织和班级的引导和管理，并以此为基础帮助学生进一步坚定理想信念，形成健康文明的生活方式，提升情趣，增长才干。

1. 高校学生正式群体的类型划分

高校学生正式群体是高校校园内相对稳定的学生群体组织形式，主要包括学生党组织、学生团组织、班集体、学生会等群体。

（1）学生党组织。学生党组织设立党总支、党支部、党小组等，是党在高校的基层组织的重要组成部分，要做好高校学生思想政治教育工作，发挥学生党组织在高校学生思想教育工作中的重要地位和作用。

（2）学生团组织。学生团组织在学校党委领导下开展工作，主要有团委、分团委、团总支、学生团支部等，是联系青年学生的重要纽带和桥梁，是团员青年学生的忠实代表。团组织的性质决定了它在全面推进高校学生素质教育、培养合格人才工作中肩负着责无旁贷的历史责任。

（3）班集体。班集体作为学校教育教学的基本单位，是学生共同成长的重要组织，它以健全的组织形式对成员发挥着管理功能。班集体有明确的规章制度、有健全的管理机构，学生在现实生活中的许多问题都是通过班级来解决的。班集体作为高校在校学生的基

本组成形式，还发挥着教育功能，其凝聚力是一股无形的、强大的力量，对班集体成员起着激励和约束的教育作用。良好的班风对每一位学生的价值观念、行为规范、学习风气等方面都有着潜移默化的引导作用。

（4）学生会。高校的学生会是在学校党委的领导和学校团委指导下的学生群众性组织，是全校学生利益的代表。学生会是联系和沟通学生与学校部门的重要桥梁和纽带，以营造良好的学术氛围、增强校园文化底蕴为工作重点，进行自我教育、自我管理和自我服务。同时，学生会还是学校有效开展校务管理，实现学校育人目标的重要依靠力量。高校学生会要组织同学开展学习、科技、文体、社会实践、志愿服务等多种活动，促进同学全面发展；维护校规校纪，倡导良好的校风、学风，促进同学之间、同学与教职员工之间的团结，协助学校建设良好的教学秩序和学习、生活环境；组织同学开展勤工助学、校园公益劳动等自我服务活动，协助学校解决同学在学习和生活中遇到的实际问题；沟通学校与广大同学的联系，通过学校各种正常渠道，反映同学的建议、意见和要求，参与涉及学生的学校事务的民主管理，维护同学的正当权益。可见，学生会是高校学生正式群体的重要组成部分。

2. 高校学生正式群体的特性表现

高校学生正式群体具有健全的组织机构，完备的组织制度，具有很强的凝聚力。正式群体是思想政治教育的重要载体和依靠力量，是沟通学校和学生的桥梁和纽带。高校学生正式群体表现为以下特性：

（1）方向性。高校学生正式群体是为了完成某一特定功能而建立起来，具有较强的方向性和目标性。例如，班级是为了完成大学学习功能而形成的群体，其基本功能是接受教育或学习；学生会是为了促进学生自我教育、自我管理、自我服务而统一建立的自治组织。因此，相对于其他群体来讲，正式群体的目标更加明确，方向性更强。

（2）规范性。高校学生正式群体基本属于“科层制”管理模式，即组织有极其严格的规章制度和等级制度，下级服从上级是基本的组织纪律，具有较强的规范性。例如，班集体作为高校管理的基本单位，有健全的管理制度，规范着班级管理的各个基本环节和学生的基本行为规范；学生会虽具有一定的自治性，但直接接受党团组织的指导，具有严格的章程、科学的机构设置、明确的工作要求和严格的考核制度。较强的规范性确保了正式群体及时、有效地贯彻落实国家的方针政策和学校的制度规范、发展要求。

（3）凝聚性。从行为科学角度看，凝聚力是指群体对成员的吸引力和成员之间的相互吸引力，既包括群体对其成员的吸引力，又包括成员对群体的向心力。高校学生正式群体和群体成员之间也有着很深的感情和很强的凝聚力，它的凝聚性体现在群体成员对组织的忠诚和拥护。例如，班集体主要通过良好的班风和班级文化来凝聚人，其凝聚性体现在学生能够形成很强的集体主义观念；学生会主要通过和谐健康、积极向上的文化氛围和学生自我管理的有效实现凝聚人，其凝聚力体现在学生对学生会组织活动的认可与参与。

（4）先进性。与其他组织不同，正式群体在选拔、考核、晋升学生干部时都把学习成绩、工作能力，以及生活、学习作风作为一个必要条件，学生干部的选拔、培养是一种先进模式。这使得正式群体成为优秀学生会聚的组织团体。

3. 高校学生正式群体的管理方法

高校学生正式群体是学校教育管理的基本单位，是学生思想政治教育的主要载体，对于正式群体的管理引导要符合其自身特点，突出其思想政治教育功能，创新其教育管理方法。

（1）加强正式群体的先进性建设

加强正式群体的思想建设，主要是在正式群体中普及以社会主义核心价值体系为主要内容的理论思想，加强正式群体对重要时政内容的深入了解，加深对世界局势和国情社情的认识，提升成员的政治理论素养。加强正式群体思想建设的具体实施方法可以包括以下方面：

第一，通过理论学习增强正式群体的先进性。要定期开展政治理论学习，班级要通过班会等形式定期宣传国家的重大时事和政策，学生会要通过定期组织讲座、培训增强学生会干部的政治敏感度和政治鉴别力。

第二，通过制度建设保障正式群体的先进性。在加强正式群体思想建设的过程中，高校的教育管理工作者要强化全程监督和效果反馈，以保证思想建设目标的实现。要建立健全管理制度，如班级管理制度、学生会管理制度、财务管理制度、物品管理制度等，规范正式群体学生的基本行为规范和管理的各个基本环节。要建立健全制度运行机制，将正式群体的发展纳入学校教育管理的环节之中。建立健全正式群体的竞争和激励机制，如优秀学生干部评比、优秀团员评比等。建立健全制式群体的考核和评价机制，如学生干部量化考核机制、学生干部职务晋升机制等，通过积极推进正式群体的制度建设，提升管理效率，促进正式群体的健康发展。

（2）充分发挥正式群体的朋辈效应

朋辈效应是指具有相同背景，或是由于某种原因具有共同语言的人在一起分享信息、观念或行为技能，以实现教育目标的教育方法。朋辈之间共通性大，互助性强，具有先天的优势。由于正式群体中的核心成员大都是学生中的优秀分子，这为朋辈教育活动的开展奠定了坚实的基础。充分发挥正式群体的朋辈效应需要注意以下方面：

第一，重视正式群体中学生骨干人才的培养，强化典型示范作用。学生骨干在正式群体的管理中扮演着重要角色。他们处于高校学生管理教育的第一线，是开展各种学生活动的策划者、组织者、实施者和参与者。学生骨干一般具有良好的群众基础，发挥着先锋模范作用，能够通过自身感染同学。高校教育管理工作者要善于发挥骨干群体的示范作用，积极创造普通同学与他们交流的机会，如组织先进事迹报告会、学习经验交流会、表彰大会等活动。以骨干学生的先进思想和典型事迹引导学生反思，把社会对人才的要求转化为受教育者的自我要求，从而实现学生的自我教育。

第二，依托互助小组等组织形式，搭建朋辈间交流互助平台。高校学生处于同一个年龄段，彼此之间有更多共同语言，容易实现良好的沟通和互动。通过在班集体中设立学生心灵使者、贷款联络员等形式，搭建朋辈间相互影响、彼此帮扶的桥梁，并以此为依托提升群体成员自我认识、自我监督和自我评价的能力。

（3）增强正式群体的生机活力

保持高校学生正式群体的生机与活力是其持续发展的前提。开展形式多样、内容丰富的创新性活动能够在激发学生学习和生活热情的同时，增强正式群体的生机与活力。增强正式群体的生机活力需要做到以下方面：

第一，创新组织管理模式。注重激发学生的主体意识，培养学生的综合素质能力，引导学生改变以往依赖指导教师组织开展活动的方式，鼓励学生根据专业特征和兴趣，自主选择、创新活动内容和活动形式。将传统“自上而下”的强行推进，变为“自下而上”共同推进，充分发挥学生的积极性和创造力。

第二，创新活动内容。开展活动是正式群体的主要行为方式之一，活动内容的创新，有助于改善活动质量，实现活动目标。在开展活动的过程中，既传承经典又紧扣时代主题，选择新形势下的新内容是活动内容创新的重要方向。

第三，创新活动形式。高校教育管理者要始终坚持理论联系实际的原则，有意识地引导学生改变以往较为枯燥的带有强制性、约束性等特征的活动形式。通过加强学习、广泛调研等方式积极探索、借鉴新型的活动组织形式，增强活动的新颖性，增加对学生的吸引力和感染力。

（二）高校学生流动群体管理及方法

高校学生流动群体是为满足高校学生的多元文化生活需求而产生的高校学生群体组织，以学生社团为主体。加强对流动组织的引导和管理，在推动校园文化建设、提高学生综合素质、引导学生适应社会、促进学生成才就业等方面发挥着重要作用。

1. 高校学生流动群体的类型划分

高校学生流动群体是指一种非正式群体，是广大同学依照共同的兴趣、爱好，自愿组成的开展文化、科技、体育、文艺等方面活动的群众团体。高校学生流动群体在一定程度上满足了高校学生在学习、生活、交往等方面的需要，在推动校园文化建设、优化成才环境、提升学生素质等方面发挥了重要作用。从类型上来看，高校学生流动群体是以学生社团为主体，以临时组建的项目型群体和老乡会等自由组织为补充的群体。

（1）学生社团

高校学生社团是由高校学生依据兴趣爱好自愿组成，按照章程自主开展活动的学生组织。高校学生社团活动是实施素质教育的重要途径和有效方式，在加强校园文化建设、提高学生综合素质、引导学生适应社会、促进学生成才就业等方面发挥着重要作用，是当前有效凝聚学生、开展思想政治教育的重要组织动员方式，是以班级年级为主开展学生思想政治教育的重要补充。高校学生社团可以分为不同的类型，按照活动开展形式和成员参与目的，可将社团大致分为理论学习型社团、学术科技型社团、兴趣爱好型社团、社会公益性社团等类型。

理论学习型社团是以成员的理想信念、志向相同为基础而建立起来的社团，是以时事政治活动和政治理论学习为主要内容的团体。这类社团聚集了大批品学兼优的学生，他们有共同的政治观点和政治态度，思想道德素质处在相同或相近的水平上。此类社团是高校学生世界观、人生观、价值观教育的重要载体。

学术科技型社团，一方面是指围绕专业学习，进行学术研讨、学术交流的学生社团，通常以讲座、研讨会、组织比赛等形式开展活动，如英语俱乐部、文学社、普通话交流协会、读书交流协会、文化交流协会等。另一方面指以科技活动为纽带，如计算机爱好者协会、电脑协会，计算机俱乐部等。

兴趣爱好型社团是以学生兴趣爱好相同为基础，为满足学生发展的心理需要，丰富学生的课余文化生活而成立的，这类社团涵盖范围广泛，活动形式活泼，活动趣味性强，涉及文学、体育、文艺、语言、影视等多方面，如记者团、书法协会、动漫协会、摄影协会、书画协会、武术协会等。

社会公益性社团是指运用自己已掌握的知识和技能进行活动，主要以服务社会、承担社会责任、锻炼自我为目的，通常以操作性较强的实践活动为主要活动方式，如环境保护协会、红十字协会、“三农”问题研究社、红烛协会等。这类社团成员能够自觉奉献社会，为社会弱势群体提供服务，在服务中培养爱国主义精神，体现人文关怀等。

（2）项目型群体

项目型群体是指为了解决某一问题、完成某个任务而临时组建的短期的团队群体，待问题解决、任务完成后该群体便会解散。项目型群体同具体的项目目标直接联系。当前大学校园里存在的项目型群体主要有学生工作室、科研团队、创业团队等类型。

（3）老乡会

老乡会等自由组织也是流动群体的组成部分。老乡会是高校学生流动群体的另外一种特殊形式，它是以地理方位为界线，以相同的语言和习俗为基础，以乡情为纽带而自发形成的一种非正式组织。成员之间互利互信，在乡情乡音的感召下，坦诚交往。老乡会在很大程度上满足了特定学生群体的交往需求，缓解了学生因远离家乡而产生的陌生感和孤独感。

2. 高校学生流动群体的特性表现

（1）组建与运转的自主性。现代高等教育逐渐改变了过去重知识传授、轻能力培养，重课堂统一教学、轻课外知识拓宽的传统教育模式，强调尊重学生的个性发展，促进学生的全面发展，以适应市场经济对人才的多样化需求。在这种教育理念和教育模式下发展起来的流动组织，因充分尊重和体现学生的主人翁意识，备受学生欢迎。学生在组织的组建及运转中有较强的自主性，群体组织的负责人自愿承担发起和组建工作，承担着确定发展方向、内部管理和活动设计等方面的工作，学生按照自愿原则加入组织、参与活动；学校和指导教师只负责宏观指导。以学生社团为例，社团组织的成员皆为有着某一共同爱好的高校学生，他们自愿加入组织，组织的日常活动完全是依据组织目标，由成员自行策划、组织和实施的，具有高度自主性。这类组织有利于培养和激发学生自我教育、自我管理、自我服务的意识和热情，有利于培养学生的主人翁精神。

（2）类型与内容的多样性。网络时代信息技术的快速发展极大地拓宽了学生获取知识和信息的渠道，这促使学生对精神文化有了更高的需求。简单的食堂—教室—宿舍“三点一线”式高校生活模式已不能满足高校学生的需求。高校学生流动群体的产生和发展，使之呈现出活动类型多种多样、活动内容丰富多彩的特点。以社团为例，当前，高校社团除了传统的体育、文艺、科技和社会公益等类型，还出现了如网络虚拟社团、跨校社团等新型社团。社团活动内容涉及政治理论学习、科学技术探索、文化娱乐体验、志愿服务开展、社会实践考察、创业技能提升等更多方面，社团的组织形式和活动方式也各有特色，既符合学生需求又新颖独特，充分体现出新时代流动群体的特点。不同类型、不同层次的活动在一定程度上满足了高校学生求知和施展才能等多方面的需要。

（3）组织结构的松散性。高校学生流动群体作为学生自愿组织、自愿参加的群众性群体，对成员的约束力不强，具体体现在两个方面：一是组织管理方式的松散性。多数流动群体与学校行政部门间没有明显的隶属关系，而是保持关注和指导的关系，因此流动群体往往缺乏有利的场地、资金和政策的支持，缺乏及时有效的指导。二是组织成员的不稳定性。高校学生群体的关注内容广泛，其兴趣爱好也很容易转移。如果对某一流动群体的主要活动内容失去兴趣，就会选择离开。此外，由于群体成员覆盖面较大，各种性格的人群聚集，容易使组织的内部产生分化、矛盾和冲突，也会影响组织的稳定。

（4）成员参与的广泛性。丰富多彩、形式多样的组织活动为高校学生提供了充实的课余生活和展现个人才能的多种渠道。不同年级、不同专业、不同性格、不同民族的学生都有机会选择参与到流动群体组织的活动中来。目前各高校都有很多学生社团，不仅在校园内影响力很强，在校园外也产生了很大影响。

3. 高校学生流动群体的管理方法

（1）促进流动群体的可持续发展

科学管理、重点扶持，促进流动群体的可持续发展，实现高校学生流动群体的良性健康发展需要运用科学的管理理论和方法，并坚持管理与扶持相结合。对流动群体实施科学管理，可以从以下方面入手：

第一，严把组织入口关。以学生社团为例，成立学校社团联合会，充分发挥学生社团联合会的组织管理和服务功能。学生申请成立社团，先要按照相应规定向社团联合会提出书面申请，明确提出社团的宗旨、章程、负责人等。社团联合会要严格审核各项资质、认真履行审批手续。

第二，加强对负责人的管理。负责人是组织的领导核心，组织活动的方向、质量及目标的实现都与负责人的决策和影响紧密相关。要选聘德才兼备的学生担任负责人，定期考核，有计划地组织培训，不断提高其政治素质和工作水平。

第三，加强对活动的管理。为保证活动的质量，可鼓励流动群体采用项目管理形式开展各项活动。这对鼓励学生积极参与活动、锻炼其能力和提高活动质量与效率，都会发挥积极作用。高校应该重视流动群体的积极作用，关注、重视其建设和发展，并给予重点扶持。具体而言，一方面鼓励思想觉悟高、业务能力强的教师做流动群体的指导教师；另一方面改善学生社团的办公条件和活动条件，添置必要设备和物资，通过组织的力量帮助学生社团解决一些实际困难，为学生社团工作的有效开展创造有利条件。

（2）营造高品位的组织文化

提升格调，打造品牌，营造高品位的组织文化。组织文化通常是指一个组织在长期发展过程中将其成员凝聚结合在一起的行为方式、价值观念和道德规范的总和。与文化配合的管理才可称之为卓越的管理。引导高校学生流动群体营造高品位的组织文化是高校学生教育管理工作的高层次要求。创建积极健康、高雅向上的组织有助于学生受到文化的感染和熏陶，更为明确地参与组织活动。引导高校学生流动群体营造高品位的组织文化主要包括以下两方面内容：

第一，结合学校传统，凝炼形成特色组织文化。每所高校都有自身独特的建校背景和发展历史，也有着个性化的办学理念和育人目标，这是校园文化的基础。高校学生流动群体组织文化的建设可以结合学校培养目标与办学特色，打造品牌活动，营造健康向上、积极进取的文化氛围。例如，在师范类院校中依托以提升学生教师技能为目的而创办的社团开展教师技能大赛等活动。

第二，树立精品意识，打造品牌群体组织。高校学生流动群体要真正树立自己的品牌，需要通过提升成员素质、开展精品活动、加强舆论宣传等多方面来实现，通过打造一批如“三下乡”暑期社会实践等被广高校学生熟知、具有传承性和现实意义性的精品活动，进而促进组织品牌的形成。

因此，学校可以在群体中引进竞争机制、奖励机制和淘汰机制。以学生社团为例，由学生社团联合会统一制定详尽的考评细则，定期对社团进行综合测评，根据测评成绩，分别进行各类别社团的内部排名及校内总的排名，激发同类别社团及跨类别社团间的竞争，用良性竞争促发展。对于测评结果优异的学生社团进行奖励和表彰，对于没有开展活动能力或者不具备运行条件的社团予以淘汰。

（3）打造素质教育新平台

立足校园、面向社会，将流动群体打造成素质教育新平台。高校学生流动群体是校园文化建设的重要力量，高校教育管理者可以充分利用流动群体自身的优势，立足校园、面向社会，打造素质教育新平台。

一方面，引导高校学生流动群体将活动开展与学生专业学习相结合。大力开展与所学专业结合比较紧密的社团学术活动，促进学生专业学习，完善知识结构，提高专业素养。另一方面，指导学生社团等流动群体开展与日常学习生活相关的主题鲜明、内容丰富、形式多样的社会实践活动，使学生既在社会实践的过程中体会理论的指导作用，及时发现自身的不足和问题，同时又在实践中不断丰富和发展理论。鼓励社团之间加强交流与合作，推出跨校际联合活动，实现社团的优势互补和资源共享，促进社团的发展，扩大高校学生社团的影响力。利用社会的广阔舞台和丰富资源，来充实学生社团活动的内涵，达到最后从学校走向社会、服务社会的目的。此外，随着经济的全球化、国际互联网络的广泛应用，学校要鼓励学生社团和世界各国高校学生社团加强联系，扩大社团的发展空间，通过交换信息、交流经验，展示中国高校学生社团的风采，同时学习外国社团的经验促进自身的发展。

三、高校教育管理中学生安全与资助管理及方法

（一）高校学生安全管理及方法

安全管理是学校日常工作的基本组成内容，是做好教学科研工作、提高教育质量和维护教学秩序的基本前提与重要保障，是学校的基本责任。下面将从概述、内容、原则与策略四方面对高校学生安全管理进行系统的梳理，为做好高校学生安全管理工作提供基本的认识、思路和方法。

高校学生安全管理是指管理者根据社会的要求，针对高校学生群体特点，有计划、有组织、有目的地对高校学生实施安全教育及管理，妥善处理各类安全事故，以保障高校稳定和高校学生安全，最终达到引导高校学生全面健康成长的目的。高校学生安全管理已由以往单纯地强调校园安全管理向以建立教育、管理和事故处理一体化的服务体系转变，逐步成为以培育安全理念、提高安全素养、增强安全技能、促进高校学生的全面健康发展为目的的安全管理活动。

1. 高校学生安全管理的意义

高校学生安全管理对高校学生、高校和社会都有重要意义。做好高校学生安全管理工作，关系到高校学生自身的发展，关系到高校的改革和发展，关系到社会的安定与和谐。

（1）有利于高校学生自身安全素质的提高。安全素质是人们完成某种任务所必需的基本条件和能力。良好的安全素质既包括掌握基本的安全知识和安全技能，又包括在安全知识和安全技能基础上建立起来的安全意识及安全观念。高校学生安全管理是提高高校学生自身安全素质的有效途径。高校学生安全管理是对高校学生在校生活的管理，与高校学生学习、生活紧密相连。通过各种管理活动，对高校学生开展安全教育和管理，有意识地培养良好的安全行为规范，能够使高校学生在参与活动中掌握相应的安全知识和技能，进而内化为自身的安全意识和观念，指导行为实践。

（2）有利于高校改革和发展。随着高校办学规模的不断扩大，招生人数的不断增多，多校区办学模式的形成，高校安全管理工作面临着很多的挑战。相对开放式的校区如何有效地管理，学生住宿相对分散如何及时排查安全隐患，学生交通安全如何保障等安全问题需要高校学生安全管理工作积极主动地做出反应。因此，作为高校安全工作的一项重要内

容，高校学生安全管理是随着高校改革和发展而不断发展的，已成为当前高校改革和发展的重要内容之一。因此，只有正确地对待和处理好高校学生安全管理问题，才能保障高校改革和发展的顺利进行，才能及时解决高校改革和发展中出现的高校学生安全管理方面的新情况和新问题，才能形成合力，不断提高服务学生的能力和水平，促进高校学生健康成长。总之，高校学生安全管理是新时代高校改革和发展的必然要求，有着重要的理论和现实意义。

（3）有利于社会的安定与和谐。学校的健康发展和稳定对经济社会的稳定和发展有重要的影响。当前高校安全工作更显得尤为重要。高校学生安全管理作为高校安全工作的重要组成部分，承载着管理和育人的功能。加强高校学生学校生活的管理，为高校学生在校学习和生活提供一个良好的生活环境，有利于维护学校正常的教学生活秩序。对高校学生安全事故的处理，特别是对涉及高校学生的突发公共事件，如突发公共卫生事件、突发自然灾害等事件的应急管理和处理，有利于充分保障高校学生人身财产安全，有利于高校稳定与发展，有利于社会的安定与和谐。

2. 高校学生安全管理的特性

高校学生安全管理有以下方面的特性：

（1）青年性。高校学生安全管理的对象是青年高校学生。因此，高校学生安全管理是针对青年高校学生特点的安全管理。当代高校学生思想活跃，独立性强，有创新精神，对周围的事物，特别是新鲜的事物和知识反应迅速。同时，一些高校学生也存在着安全意识淡薄、社会经验不足、防范能力较差等特性。高校学生安全管理更加注重通过对青年高校学生在校期间的日常学习、工作和生活的教育及管理，培养高校学生正确的安全意识和良好的安全行为，在发挥青年高校学生自身优点和长处的同时，帮助和引导高校学生养成良好的安全行为习惯。高校学生安全管理的青年性特征也体现在高校学生安全管理的内容、形式、方法和途径随着青年高校学生在不同时代、时期的特点而不断地创新和发展。

（2）群体性。高校学生安全管理是对高校学生学校生活这个特殊的群体性生活环境的管理，是对青年高校学生这一同质性群体的管理，具有明显的群体性特征。通过加强对寝室、教室、实验室、图书馆等涉及学生学校生活各方面的常规安全管理，保障高校学生在校期间的人身财产安全，维护学校正常的教学和生活秩序，有效地排除其他社会生活环境中的不良因素对高校学生学校生活的干扰，为高校学生创造一个良好的学校生活环境。

（3）教育性。高校学生安全管理在对高校学生学校生活进行常规安全管理的同时，也在对高校学生进行着安全方面的常能训练。少数高校学生疏于日常生活安全，缺乏基本的安全常识和技能，这给高校学生学校生活以及其他社会生活带来很多的隐患，不利于高校学生健康成长。管理本身也是一种教育，高校学生安全管理是高校学生积累日常生活经验的重要途径，是对高校学生进行常能训练的重要内容。高校学生安全管理要充分发挥其育人功能，以促进高校学生全面健康成长。

高校学生安全管理有以下四方面的任务：

第一，宣传、贯彻国家安全管理工作的有关方针、政策、法律和法规。大力开展宣传教育活动，以校内外活动为有效载体，对高校学生开展形式多样的安全政策和法律法规的教育，贯彻和落实国家安全工作精神，使高校学生树立起安全意识。

第二，开展安全教育。利用各种渠道对高校学生开展安全常识教育和安全技能培训，使高校学生了解日常安全防护知识，具备日常安全防范技能。同时，注重对高校学生开展早期的职业安全教育，结合专业特点，对高校学生开展有针对性的职业安全教育和培训。

第三，进行日常安全管理。做好高校学生日常安全管理工作，加强安全防范，维护正常的教学和生活秩序，保障高校学生人身和财产的安全，维护校园安全稳定。

第四，安全事故的处理。建立健全规章制度，严格管理，明确责任，对出现的高校学生安全事故进行及时、有效的调查和处理，做好应急预案，提高应急反应能力，控制事态发展，减轻伤害和损失。

3. 高校学生安全管理的原则

（1）教育先行原则。教育先行原则就是在高校学生安全管理中，注重发挥安全教育的预防作用，通过课堂教学和课外实习实践，利用各种宣传、教育活动，使高校学生掌握安全知识和安全技能，明确安全管理的重要性，理解安全防范的重要意义，自觉地参与到安全教育和管理活动中来。高校学生安全管理工作要以预防为主，而做到预防为主，就必须以教育为先导，通过安全教育，使高校学生充分认识预防工作的目的和意义，以此来使高校学生认识安全工作。在高校学生安全管理工作中，认真贯彻落实教育先行原则，重视安全管理中的教育工作，使安全教育充分发挥其预防作用，帮助高校学生树立起正确的安全防范意识，掌握安全常识，具备安全防范技能。避免安全教育形式化、表面化，从预防为主的安全管理工作重心出发，来理解教育先行原则，高度重视高校学生安全教育工作。教育先行原则还应重视对高校学生安全技能的培训，克服单纯注重安全知识教育而忽视安全技能培训和实习实践的思想及倾向。

（2）保护学生原则。保护学生原则是指在高校学生安全管理工作中，以学生为主体，依据高校学生生活、学习和成长的需要，针对高校学生的知识结构和年龄特点，开展安全教育和管理活动，保障高校学生的人身安全和财产安全，促进高校学生的健康成长。保护学生原则充分体现了高校以人为本的办学和管理理念。对高校学生安全的保护要靠管理，这种安全管理是积极、主动的管理，是充分了解学生安全需要、针对高校学生群体特点的管理。因此，贯彻保护学生原则，应注重研究群体与群体之间、群体与个体之间，个体与个体之间的关系问题。贯彻保护学生原则，应把个体教育与群体管理结合起来。在重视个体的主体地位、突出高校学生安全管理对个体的教育职能的同时，注重对群体的管理职能发挥，并将两者有机地结合起来。同时，还要充分发挥和调动高校学生的主体性，使高校学生切身体验到高校学生安全管理工作对自身发展的重要性，把外在的教育转化为高校学生自身的个人安全意识，组织他们积极参加各种安全教育活动，实现自我教育和自我管理，并最终转化为自己良好的行为习惯。

（3）教管结合原则。教管结合原则就是在高校学生安全管理工作中，把安全教育与安全管理两个基本内容有机地结合起来，在充分发挥教育与管理各自的作用的同时，使两者互为条件，相互补充。在安全管理实践中，往往会出现安全教育与管理脱节的现象，贯彻教管结合原则，有利于开展以预防为主的高校学生安全教育工作，有利于教育和管理资源的充分利用，使之有机地结合起来，有利于安全管理水平的不断提高。作为教育主体的安全教育和管理工作者，应不断提高自己的安全教育水平，提高安全管理的整体能力，以便更好地贯彻和落实教管结合原则。同时，注意教管结合的工作重心问题，根据不同的时间、地点、工作对象、任务和内容来调整教育与管理的工作重心，做到相互结合，互为补充。

（4）明确责任原则。明确责任原则是指在高校学生安全管理中，建立健全岗位责任制，完善高校学生安全管理的队伍建设，实行责任追究制度。贯彻明确责任原则，有利于调动各方面积极因素做好高校学生安全管理工作，有利于高校学生安全管理应急机制的建立，有利于建立健全规章制度，加强队伍建设，实现严格管理。贯彻明确责任原则，能够在高校学生安全管理中实现自上而下的合力，由主管部门牵头，各有关职能部门分工协作，积极配合，明确各自责任，具体组织实施安全教育和管理工作，使高校学生安全管理工作制度化、法律化、长效化。贯彻明确责任原则，能够把责任与权利结合起来，既明确了责任，又充分重视各安全职能部门的各负其责问题，做到责权分明。同时，建立责任评估体系，确立考核指标体系，运用测量和统计分析等先进的方法，对实际效果进行科学的评估。

4. 高校学生安全管理的方法

（1）做好高校学生安全管理工作

以宿舍和公寓为重要阵地，做好高校学生的安全管理工作。学生宿舍和公寓既是开展高校学生思想政治教育的重要阵地，也是开展高校学生安全管理的重要阵地。宿舍和公寓是高校学生生活的主要场所，也是安全隐患和安全问题相对集中的场所，涉及高校学生的人身安全、财产安全、用水用电安全、防火安全、网络安全等。因此，宿舍和公寓是开展高校学生安全管理活动的重要场所。以宿舍和公寓为重要阵地开展高校学生安全管理工作，能够使安全管理工作更加贴近高校学生学习和生活，贴近高校学生真实的安全需要，有利于以更为灵活的方式开展安全知识的教育和普及工作，有利于对存在的安全隐患及时加以处理，有利于引导高校学生的思想和行为，促使高校学生养成良好的学习和生活习惯。以宿舍和公寓为重要阵地的高校学生安全管理工作，涉及以下方面：

第一，深入寝室，关心学生生活，主动了解学生的安全需要。高校学生安全管理工作中，从想学生之所想、急学生之所急入手，主动了解学生的安全需要，而不是被动地提供安全教育和服务。了解学生真实的安全需求，需要经常深入寝室，扎实开展教育和管理活动，从关心学生的吃、穿、住、用、行出发，与学生交朋友，融入学生集体生活，得到学生的认可和信赖，这样才能与学生交流和沟通，为他们解决现实学习和生活中遇到的安全问题，帮助他们及时解决安全方面的困惑。只有做到真正关心学生生活，并且主动了解学生的安全需要，才能使学生切身感受到安全管理的重要性，主动参与安全管理活动。

第二，严格管理，仔细排查安全隐患。在主动了解学生安全需要的同时，根据学生反映的情况和问题，仔细排查宿舍和公寓存在的安全隐患，特别是关系到学生人身财产安全的隐患，如防火安全问题、用水用电安全问题、公共卫生安全问题等。同时，加强对学生宿舍和公寓的安全管理，杜绝学生在宿舍和公寓出现的不安全行为，一经发现，根据相应的管理规章制度严肃处理，以达到教育的目的。

第三，强化高校学生安全管理的思想政治教育功能。思想政治教育工作在帮助高校学生树立正确的安全意识、提高高校学生的安全素养方面起着重要作用。在高校学生安全管理过程中，充分发挥思想政治教育的功能，通过开展形式多样的安全教育活动，引导高校学生的思想和行为，如网络安全行为、交往行为、公共安全行为等，从学习和生活的各方面，引导高校学生树立正确的安全意识和安全观念，建立集体安全责任感，从自身做起，自觉遵守安全规章制度，正确处理日常学习、工作和生活中遇到的问题，以有效地推进高校学生安全管理工作顺利开展。

（2）加强高校学生安全教育工作

对学生开展安全事故的案例教育是高校学生安全教育工作的有效方法之一。发生在校园内的安全事故案例接近高校学生的日常生活，以这些真实的案例开展安全教育，更具有说服力。在安全教育中，对典型的案例深入分析，弄清事故发生的原因、过程、形式、危害及其规律，能够把安全教育以真实的形态展现出来，往往会给教育者和受教育者留下深刻印记，使高校学生真正了解在怎样的情境会出现这种不安全的情况，出现这种不安全情况的原因，一旦发生类似的情况应该如何去面对和处理，如何运用日常所学到的安全知识和技能去解决问题，起到警示和教育作用。通过对安全事故案例的分析，能够使学生直观地认识和理解树立安全意识、具备安全知识和安全技能的重要性。

（3）引导高校学生自我安全教育管理

以班级为依托，引导高校学生自我安全教育和管理，实现自我服务。学生班级是学校工作的最基层，是学生的基本组织形式，是学生自我教育、自我管理、自我服务的主要组织载体。因此，高校学生安全管理要注重依托班级、社团等组织形式，引导学生自我教育、自我管理、自我服务。对高校学生进行安全教育，实施安全管理，实质上是在努力引导高校学生树立安全意识，实现自我教育、自我管理、自我关爱和自我服务。因此，高校学生安全管理工作注重以班级和学生社团为依托，以充分发挥学生会组织的带头作用，为高校学生创造和搭建良好的活动空间和平台，使其主动参与安全管理工作。高校学生的自我安全管理，是高校学生安全管理工作的一个重要组成部分，是完善高校学生安全管理工作的有效途径。

实现高校学生自我安全服务，先要引导高校学生实现自我安全教育。高校学生自我安全教育是高校学生自我安全服务和管理的良好开始，它使高校学生由受教育者、被管理者、受保护者的身份，转化为教育者与受教育者的统一体，能够真正做到从群体和自身的安全需求出发思考安全教育问题。高校学生的自我安全教育更贴近高校学生实际生活，更有说服力和感召力。通过适时的、有针对性的高校学生自我教育活动，支持以班级和社团为单位开展安全教育活动，鼓励开展以安全教育为主题的文艺节目演出、安全知识竞赛、安全知识讨论、安全知识信息交流会等活动，以达到自我教育的目的。

高校学生的自我安全管理是在高校学生自我安全教育基础上的一种管理活动。通过组织开展群体内部以及群体之间的管理活动，帮助和引导高校学生群体开展以班级、年级以及社团为单位的安全管理活动，以达到巩固教育成果、实现自我教育的目标。在高校学生安全管理工作中，除了加强对高校学生团体组织的引导和管理外，还应注意对高校学生自我安全管理组织的培训工作，使高校学生团体组织具备相应的安全管理专门知识，知道如何管理，怎样高效地管理。

在高校学生自我安全教育和管理的基础上，引导高校学生努力实现自我安全服务，有助于培养高校学生群体互助意识，培养团队精神，并善于及时发现身边的安全问题和隐患，实现互帮互助，互相交流。通过高校学生的自我安全服务，能够加深高校学生对安全管理工作的认同，形成人人参与服务、人人共创服务的局面。在高校学生安全管理工作

中，积极引导和支持高校学生自我安全服务活动，充分调动学院、年级、班级和学生会组织带头开展服务学校、服务学院、服务同学的安全服务活动。通过组建高校学生安全服务队、高校学生安全志愿者协会等高校学生社团组织，并为其创造良好的活动空间，使其成为高校学生安全管理工作的重要力量。

（4）提升高校学生安全事故处理能力

强化服务意识，提升服务理念，帮助学生和服务学生是做好高校学生安全事故处理工作的出发点及归宿。也只有树立服务学生的理念，才能使学生在发生事故、真正需要帮助的时候在第一时间通知相关负责人，这些都要求高校学生安全事故处理工作做到以学生为本，关心他们的切身感受，关注他们的切身利益，真正树立服务理念，做好高校学生安全事故的处理工作。树立服务学生的理念，提升高校学生安全事故的处理工作能力，主要从以下方面入手：

第一，提高应急反应能力，做到第一时间处理。时间是安全事故处理过程中最为重要的因素之一。安全事故的处理是否及时，直接影响着安全事故损失的大小、影响范围的程度、事故当事人各项权益的保障以及事故责任的认定和追究。因此，在处理高校学生安全事故的过程中，必须具备很强的安全事故应急反应能力，争取做到第一时间得到信息，第一时间到达现场，第一时间帮助学生解决实际安全问题。运用快速反应机制，制定事故处理预案，同时，注重发挥学生干部、班委会成员的作用，要求他们经常与老师沟通，在发生安全事故时能够及时上报，以便对高校学生安全事故进行及时有效的控制和处理。

第二，把学生的利益放在首位，做到妥善处理。学生安全事故的处理要贯彻落实保护学生的原则，把学生的利益放在首要位置，切实保护学生人身财产安全，维护学生的各项合法权益，依照高校学生安全事故处理原则和程序，做到公平、公正、公开的妥善处理。在涉及责任的认定和追究时，本着以合理适度、教育为主的原则，在事实认定的基础上，根据有关学生安全管理规定进行合理适当的处理，充分发挥和利用安全事故处理过程中的教育作用，引导学生认清安全事故的危害，勇于承担对于事故所应负的责任，并且从中吸取事故教训。

第三，以学生为本，做好事故处理后的教育工作。安全事故发生后往往会给学生的心理造成很大的压力，带来情绪和思想上的波动。安全事故的追究和处理也会给学生日后的学习和生活造成一定的影响。帮助和引导学生正确面对安全事故所带来的影响，使他们在今后的学习生活中变压力为动力，是日常学生思想教育工作中必须面对的问题。因此，在安全事故处理后，要特别重视对学生的跟踪教育工作，深入寝室、教室，与他们谈心、交流和沟通思想，为他们减轻心理压力，帮助他们正确认识和对待安全事故所带来的问题，引导学生回到正常的学习生活中来。只有以学生为本，认真、扎实地做好学生事故处理后的思想教育工作，才能更加有效地提升安全管理工作质量，做到防患于未然。

（5）探索高校学生安全管理新途径

高校辅导员开展高校学生安全管理工作要定期开展相关工作调查和研究，分析工作对象和工作条件的变化，及时调整工作思路和方法。需要与时俱进，一切从实际出发，实事求是，重视调查研究工作，对影响高校学生安全的因素进行及时的搜集、分析和处理。要准确把握高校学生安全管理中出现的新情况，根据不同环境和不同学生的特点，不断探索高校学生安全管理工作的新内容与新途径。扎实开展实践调研工作，包括以下两方面：

第一，注重对学生网络行为的调研。当前，互联网络已经成为高校学生首选的学习和交流的工具。交流方式的不断创新，实时网络语音交流、自助性聊天室的出现及博客网站的兴起给高校学生的学习和生活带来很大的便利，这使得他们更容易就喜好和关心的问题相互交换各自的见解及看法。辅导员工作要渗透到高校学生的网络生活当中，及时地、有效地引导高校学生的网络思想和行为，减少和避免不良因素对高校学生安全的影响，特别是公共性突发事件的发生对于学校、社会的安定与和谐的影响。因此，必须注重对学生网络行为的调查和研究，掌握高校学生最新网络行为动态，不断探寻高校学生网络行为规律。

第二，重视对学生社会生活的调研。高校学生在校期间的学习和生活是有规律性的学校生活。高校学生除学校生活外，还处于家庭生活和社会生活环境中，这些校外生活环境对高校学生的成长以及他们的学校生活有着重要的影响。因此，重视对高校学生校内外社会生活的调查和研究是做好高校学生安全管理工作的必然要求。通过对高校学生校内外生活的调研，掌握高校学生在其他社会生活环境中的实际情况，分析这些情况对高校学生学校生活的影响，及时调整高校学生安全管理的思路和方法，帮助和引导高校学生更好地适应各种社会生活。

（二）高校学生资助管理及方法

高校学生资助工作是一项政策性强、涉及面广的重要工作。目前，我国已初步形成“多元混合”式的高校家庭经济困难学生资助体系，涵盖奖学金、国家助学贷款、勤工助学、困难补助、学费减免和绿色通道等基本内容。多层次、多项目的资助体系基本解决了学生的实际问题，有效促进了教育公平。

1. 高校学生资助管理的原则

（1）公平原则

确保公平是高校学生资助管理的基本要求。教育公平是社会公平的重要基础。资助管理中贯彻公平原则，重在把握四个环节：首先，在资助政策制定时，作为资助工作管理者，要时刻牢记和体现公平原则，确保政策制定的起点建立在充分了解和考虑所有学生的基础上，最好能让学生也参与到政策制定过程中，充分保证学生的发言权、知情权；其次，高度重视家庭经济困难学生评定工作，让所有困难的学生都能进入资助范围，并根据实际情况对学生的困难程度进行分类，为有针对性地实施资助奠定基础；再次，在设计资助项目时，根据学生的不同需求，设立灵活多样的资助项目，划分不同的资助额度等级，保证项目能与学生的需求有效对接；最后，在实施资助过程中，时刻做到政策公开、信息公开、程序透明，并加强资助后的监督工作。

（2）效率原则

效率是评价资助管理的重要标准。提供充足的经费，提高经费的使用效率，是教育资源分配的核心原则。社会经济和高等教育的发展，都特别重视投入资金的使用效率。这就使得有效地使用有限的教育资源成为各国高等教育财政尤其是高校学生资助政策中的一项不容忽视的指标。

资助是一种经济行为，是一种教育投资。一个国家在困难学生资助上的投入，除了解决学生的经济困难外，还要获得更多的人力资源，促进国民经济发展。换言之，资助工作也要考虑个人及社会的教育投资回报率。

资助管理中，效率原则体现在四方面：一是资助政策的针对性。要科学设计针对不同学生的资助方案，避免出现资助强度偏大或偏小等情况。同时，科学规划、设计资助项目，努力达到不偏大不偏小的资助目标，避免资助资源的浪费。二是资助政策的激励性。在资助项目的设计和实施中不仅帮助学生解决经济困难问题，而且要激励学生努力学习，全面发展，提高人力资本投资收益。三是资助政策的持续性。设计资助政策时要尽量保证持续和稳定，这要求项目本身有持续的资金来源，同时符合学生的长期需求。四是资助实施的高效性。资助工作任务重、要求高。高校要积极整合管理资源，加强机构建设，理顺工作机制，运用信息手段，不断提高工作效率。

（3）尊重原则

尊重是对资助工作管理者与资助对象间关系的基本定位。在以人为本理念指导下，资助管理工作要走出客体状态，成为主体，管理者与管理对象之间应是主体间性关系。这种关系的基本特征是平等尊重。家庭经济困难学生是一个特殊的学生群体，他们更需要平等尊重。他们面临经济困难，有希望获得资助的需求。同时，他们也处在生理和心理发展关键期，有着追求平等和个性、追求知识的需要，资助政策应该能满足这种需要，而不是建立在破坏这种需要的基础之上，因此，要注意在资助的同时不要伤害学生的自尊。这就要求在高校学生资助管理工作中彻底践行尊重原则。

资助管理中，崇尚尊重主要体现在五个方面：(1) 尊重事实。尊重事实主要体现为了解学生，只有充分了解家庭经济困难学生的心理、精神、生活等各方面，才能做到设身处地、感同身受，才能给予学生最需要的帮助。(2) 尊重意愿。是否需要资助，接受何种形式的资助，都要基于学生本人的意愿，不能硬性地机械实施。(3) 保护学生的隐私。资助工作中，常常涉及大量的学生个人信息，有些属于个人隐私，要注意保护学生的隐私权不受侵犯，避免学生个人信息外泄。(4) 维护学生的自尊。在资助实施过程中，要充分体现人性化，让学生有尊严地接受资助。(5) 给予学生充分的关怀。广大青年学生是祖国的未来，民族的希望。对于家庭经济困难学生，资助工作管理者要投入更多的精力，倾注更多的情感，满腔热情、周到细致地从事资助工作。

(4) 育人原则

资助育人是高校学生资助管理的重要目标。首先，这是以人为本理念在资助工作中的具体体现。以人为本的理念要求所有的教育工作时刻以学生的发展为根本目的。资助管理是学校教育管理中育人的重要方面，也必须以促进学生发展为最终目的。其次，家庭经济困难学生的实际情况，决定了资助育人的必要性和紧迫性。

资助管理中实现资助育人，一方面，从解决学生的实际困难出发，结合资助工作契机，在资助实施中渗透教育；另一方面，从满足学生的实际发展需要出发，针对不同教育阶段学生的不同特点，在学校教育大背景下，有的放矢地开展丰富多彩的专项教育活动，取得让学生增信心、长才干的效果。

2. 高校学生资助管理的方法

高校学生资助管理的主要任务是帮助家庭经济困难学生解决经济困难，同时加强学生综合素质培养，实现资助育人的目标。

(1) 资助资源的筹集与管理

资助资源是指学校用于资助家庭经济困难学生的资金和物品。高校资助工作的一项最基本的任务就是对家庭经济条件困难的学生进行经济补助，因此，拥有充足的资助资源是进行高校学生资助管理的前提和保障。目前，高校用于家庭经济困难学生的资助资源主要来自四方面：国家投入、银行支持、学校投入和社会捐助。

第一，在资助资源筹集方面，要广开门路、多方筹措，努力丰富资助资源。从长远来看，从根本上确保资金投入的持续发展要处理好两个问题：一是要巩固发展成果，确保已建立起的政府、学校和银行资金投入的可持续发展；二是要开辟新的发展领域，充分调动其他非政府组织的资助资金投入热情。

第二，在资助资源管理方面，要做到专款专用，严格管理，加强监督，规范使用资助资源。国家要求各高校要严格管理，强化监督，通过完善制度，规范程序，细化管理，确保资金专款专用。因此，在资助资源的管理上应着重做好两项工作：第一，完善制度，严格程序，完善各项资助资金的使用、审批制度。第二，保证专款专用。保证专款专用就是要做到从宏观上保证所有的资助资源都用于资助家庭经济困难学生；对有特定资助对象要求的资助项目，要严格遵守资助项目要求，确保专项使用，发挥其特有资助功能。

（2）对经济困难学生的评定

资助工作最基本的目标是实现公平，而实现公平的最基本前提是确保评定的准确。家庭经济困难学生评定工作是资助管理必须解决的首要问题。这一问题的解决包括两方面内容：（1）确定合理的家庭经济困难学生评定标准。家庭经济困难学生的评定标准包括两方面：首先，要确定对家庭经济困难学生进行资格认定的条件标准；其次，要确定对家庭经济困难学生进行分类的标准。（2）确定科学的家庭经济困难学生评定程序。科学合理的评定程序要保证家庭经济困难学生评定过程中信息采集的准确性、评价指标的科学性和评定过程的公正性，以期实现家庭经济困难学生评定的准确。

（3）资助项目的设计与实施

资助项目设计是指对国家、社会和学校所提供的资助资源进行有效整合，确定具体资助项目的条件、对象、额度等，为确保资助效益奠定良好基础。资助项目的科学设计是资助工作公平、有效的根本保证。随着国家资助力度的加大，高校用于家庭经济困难学生资助的资源越来越多。如何科学、合理地规划资助资源、设计资助项目，充分发挥资助资源的最大效益，既是高校学生资助管理的核心内容，也是高校资助工作面临的重要课题。

在设计资助项目时，应重点把握两个原则：首先，以鼓励自强为原则，引导学生通过国家助学贷款、勤工助学来解决经济困难，尽量缩减大额无偿补助。助学贷款可以激发学生努力上进的积极性，促使学生树立自立自强、诚实守信意识。其次，要紧贴学生需要，满足学生的个性化需要。高校应当结合学生的实际经济状况、个人能力、日常表现、心理特点等多种因素，为学生量身设计符合其需要的切实可行的资助项目，实现常规资助与临时资助相结合，大额资助与小额补助相结合，基于需求的资助与基于能力的资助相结合，无偿资助与有偿资助相结合，让不同类型、不同需求的学生都能找到他们需要的资助项目。

（4）资助工作信息化的建设

学生资助工作涉及大量动态数据，业务量大且办理程序烦琐，尤其对各项工作的准确度要求很高，科学、高效的信息管理、情报分析、业务操作是做好资助工作的重要保障。为此，构建高校学生资助信息平台，通过信息化手段开展资助工作，是实现高校学生资助管理的高效率和高效益的必然要求。资助工作信息管理包括三方面：（1）动态维护信息，准确把握学生信息。资助工作涉及学生个人信息、家庭信息以及受资助情况、贷款情况、勤工助学情况等多方面的大量信息。（2）实现网上办公，提高工作效率。资助工作的各项业务工作量大且操作烦琐。资助信息管理系统可以整合包括困难生评定、国家助学贷款申请审批、资助项目评定、勤工助学管理等各项资助工作业务，使资助工作业务的办理更加科学、规范和高效，为资助管理提供业务支撑。（3）科学统计分析数据，提供决策参考。资助政策的制定、资助项目的设计必须依据学生的实际，精准的情报分析对资助工作具有重要的指导作用。资助信息管理系统可实现各项数据的及时、准确统计，使资助工作管理人员及时把握学校资助工作整体情况，为决策提供科学参考，为资助管理提供情报支撑。

（5）家庭经济困难学生的教育

资助工作在解决家庭经济困难学生实际问题时还担负着育人的责任。各学校要从解决学生的实际困难出发，结合国家实施新资助政策的契机，结合学校的思想政治教育工作，做到物质上帮助学生，精神上培育学生，能力上锻炼学生，发挥资助与育人的双重功效。在高校学生资助管理中，资助育人是在学校育人的大背景下进行的，需要教育管理工作者找准经济困难学生面临的特殊问题、亟待解决的突出问题和影响学生成长成才的关键问题，有针对性地进行教育。

四、高校教育管理中学生教育的服务管理及方法

（一）做好思想道德教育

作为高校和高校教育工作者，必须高度重视和改进对学生的思想政治教育，努力把学生培养成为思想道德修养高的有用人才。在日常工作的开展中，要围绕主旋律、配合主渠道，加强对学生政治理论学习的组织和思想道德教育工作。育人以德为先，在素质教育中，思想道德教育是核心，学校教育是主渠道。按照学校“两课①”建设要求，将“两课”教育贯穿于整个学生教育管理工作的始终。进一步提高和改善“两课”教学水平，认真完成政治理论课、思想品德课、就业指导课、形势政策课的教学工作，改革教学内容及方式，丰富教学手段与途径，加强对学生的思想政治教育、品德教育、纪律教育、法制教育。

① 两课指我国现阶段在普通高校开设的马克思主义理论课和思想政治教育课。

（二）重视高校学风建设

制订学风建设计划，加强教学过程的监督和管理。学风建设要有目标，有实施，有总结。学生管理部门要营造良好氛围，做好正确导向，根据不同年级的主要任务对学生进行有针对性的引导和教育，帮助每位同学制定切实可行的奋斗目标。同时，必须加强对教学全过程的管理与考核，以培养学生的创新精神和实践能力为重点，促进并形成整体推进素质教育的局面。严肃考试纪律，严格教学管理，为良好学风形成做良好保证。

在日常工作的开展中，学生教育管理部门应尽量多地和学生家长互相交流。除了每学期的家长信和成绩单以外，在平时的工作中也应经常性地与学生家长联系，认真听取家长的意见和建议，及时改进工作方法，提高工作效果。同时，建立与任课老师的定期联系制度，及时发现教学管理中存在的不足，并积极加以改进。

（三）强化宿舍文化建设

在高校，宿舍成为学生除教室以外最重要的活动场所，为此教育工作者要加强对学生的日常生活管理力度，以健康、文明、有序为目标，完善内务检查制度和安全用电检查制度，加强管理和引导，通过健全的制度、扎实的工作确保学生良好的生活起居环境，优化学生成长的外围环境。同时，根据学校实际情况和学生的需要开展丰富多彩的宿舍文化活动，加大宿舍文化建设力度，提高学生生活区的文化氛围。

（四）加强心理指导力度

作为高校教育工作者，应当先加强自身心理指导方面业务能力的培养和提高，主动研究学生心理的特点，掌握学生心理的微妙变化。要利用科学的方法，针对不同类型的学生开展心理指导和心理疏导。利用各种主题教育活动，加大心理健康教育的宣传力度，要利用板报、橱窗、报告、讲座等形式普及心理健康知识，从而提高在心理上处于相对弱势学生的心理健康水平。

开展心理指导要注重点面结合，一方面利用思想品德课等形式做好“面”上的工作，对学生进行心理健康普及宣传教育。另一方面要注重特殊同学的个案处理工作，通过与学生交谈，从不同侧面了解学生情况，对有心理问题的学生进行个别辅导，做详细的谈话记录，并建立个人档案，进行跟踪调查，即做好“点”的工作。

（五）做好就业指导服务

高校毕业生就业工作一定要坚持贯彻公平、公正、公开的原则，认真执行就业政策，完善公正机制，为毕业生就业创造良好环境。作为高校，一方面必须紧紧围绕就业市场的形势变化，及时进行就业政策和就业信息的收集整理、分析发布。通过信息的公开张贴、讲座等形式向毕业生进行宣传、讲解，为毕业生提供切实有效的信息服务，增加就业工作的透明度，充分发挥政策导向作用。另一方面认真对照就业政策开展就业指导工作。加强对毕业生面对面的就业咨询和指导活动，切实提高一次就业率。注重做好日常毕业生就业咨询接待工作，帮助学生解决求职就业过程中存在的疑惑和问题。同时，有步骤、有计划地面向非毕业班学生开展就业指导和咨询工作，如组织、指导学生举办就业讲座、参加就业实践活动等。在就业指导讲座中，系统讲解国家就业政策，择业常识程序，帮助学生做好就业求职准备工作。

第二章
大数据时代与高校教育管理的融合

第一节 大数据时代对高校教育管理的影响

一、大数据背景下高校教育管理的认知

高校大数据教育管理是教育现代化的客观要求，具有科学性、及时性、互动性、差异性及权变性等特点，从而具有传统高校教育管理无法比拟的优势。在高校大数据教育管理实践中，相关关系和因果关系仍是高校事物之间最主要的两种关系，它们并不是相互排斥的，相关关系不仅不能取代因果关系，反而快速清晰的相关关系分析为寻找因果关系提供指导和帮助作用。只不过，高校教育管理中的大数据与商业领域中的大数据运用有着根本区别：商业领域不太重视因果关系，比较重视相关关系；而高校大数据以相关关系为切入，最终寻找特殊的相关关系——因果关系。

（一）高校教育管理大数据的类型

大数据技术是高校教育管理由传统的科学管理向文化管理进化的重要力量，随着高校大数据平台建设，教育信息技术在校园的广泛运用，高校教育管理大数据呈现多样化、复杂化、动态化的趋势。高校教育管理大数据的类型划分如下：

1. 根据性质划分

根据性质划分，高校教育管理大数据可分为结构化数据、半结构化数据和非结构化数据。结构化数据是工整的数据，可以用二维表的结构来进行逻辑表达，属于关系型数据。非结构化数据包括所有格式的办公文档、文本、图片、智能硬件结合数据、标准通用标记语言下的子集可扩展标记语言（XML）、超文本标记语言（HTML）、各类报表、全球定位

系统数据、图像和音频/视频信息等教学资源，不适合用二维表存储。而半结构化数据，既不属于结构化数据，也不属于非结构化数据，而是介于两者之间的数据，如 HTML 文档就属于半结构化数据。半结构化数据一般是自描述的，数据的结构和内容混在一起，是用树、图来表达的数据，和其他领域的大数据有着相似的特征，目前，在我国高校大数据中，非结构化数据占主流。

2. 根据数据来源划分

根据数据来源划分，高校教育管理大数据可分为两类：一是来自教育系统内部，与教育教学有关的数据，包括高校教学、科研、人事、学工、后勤、图书馆等部门生产的大数据，这是教育管理大数据的主要来源。根据数据产生部门，也可把高校教育大数据分为四类，即教学类数据、管理类数据、科研类数据及服务类数据。二是来自外部数据源的数据，特别是互联网和社交媒体产生的数据。随着腾讯 QQ、微信及微博等社交媒体的发展和移动宽带及局域网等的发展，大学生网络化趋势加剧，24 小时挂网活动现象不断增加，与此同时产生的大数据也在不断增加。

3. 根据数据采集业务划分

根据数据采集业务划分，高校教育管理大数据可分为学生管理类大数据、教师管理类大数据、综合管理类大数据和第三方应用类大数据四类。学生管理类大数据主要来源于学生的学习和生活及社交数据活动，如学生的基本信息、考勤、作业、成绩、评奖评优、参加的各级各类活动表现、学生网络轨迹及表现等。教师管理类大数据主要包括教师基本信息、备课教案、课堂教学、作业批改、答疑解惑、科研数据、评奖评优、进修培训、参加的各类活动数据及社交活动、网络活动数据等。综合管理类大数据包括学校基本信息数据、学校各项评比类数据、学校各项奖励等。第三方应用类大数据包括金融缴费、教学资源、生活服务、云课堂、微课及慕课资源等。

4. 根据数据结构划分

根据数据结构划分，高校教育管理大数据的结构可分为四层，从内到外分别是基础层（教育基础数据）、状态层（教育装备、环境与业务的运行状态数据）、资源层（各种形态的教学资源）和行为层（教育用户的行为数据）。一般而言，基础层和资源层数据属于结果性数据，状态层和行为层数据属于过程性数据。基础层数据主要包括人事系统、学籍系统、资产系统数据等，主要服务于高校管理者宏观掌握高校发展状态科学决策，一般是结构性数据；状态层数据在智慧校园中主要靠传感器获取，主要服务于高校管理者掌握各项教学业务运行状况，优化教育环境；资源层数据以非结构化数据为主，主要包括网络教学资源（以慕课、微课、应用程序、电子书等形式存在），也包括上课过程中产生的笔记、试题等动态生成性资源；行为层数据包括教师行为数据和学生行为数据，教师行为数据占主体，主要服务于个性化学习、学习路径推送、行为预测和发展性评价。

（二）高校大数据教育管理的特征

高校大数据教育管理可以通过发挥科学性、及时性、差异性、互动性、整合性、权变性等特点和优势，彰显数据管理的魅力。

1. 大数据教育管理的科学性特征

传统高校教育管理决策模式主要有四种：依靠决策者的理性认知决策的模式，通过“合意”过程来平衡大学内部多方利益的“学院型”模式，通过“扩散”程序表达不同利益群体的“政治型”模式，决策程序无章可循、随意性大的“有组织的无政府型”模式，这四种模式的共同缺点就是决策者的有限理性，缺乏科学性。

大数据的核心是预测规律，高校大数据克服了传统小数据的局限性和不能反映整体的弊端，通过全面的考量，从而洞察隐藏在师生复杂、混乱数据背后的行为规律，从而提高教育管理科学性。历史不会重演，却自有其规律。当前，人类行为大部分是可以预测的，人类的行为也是有规律的，人类的大部分行为都受制于规律、模型以及原理法则，而且它们的可重现性和可预测性与自然科学相当。

在教育决策方面，利用大数据技术能增强高校教育管理的科学性。高校教师的科研数据、教学数据、评奖评优数据、参加各类大赛数据及其生活、作息、交友、娱乐等数据，它们之间及它们与学校的管理机制、制度及投入等都有着诸多关联，这些数据背后都隐藏着规律，如可以通过对科研成绩斐然的教师的作息和科研之间的关系、兴趣爱好与科研之间的关系、教学成效与科研之间的关系等诸多维度进行数据关联分析，建立数据模型，寻找其中规律，为科学决策提供依据，从而更好地制定学校科研政策、教学管理制度及评价制度。

同时，高校教育管理大数据对于学生的学习与需求、舆情监控及科学决策有着重要意义。学生的学习成绩、能力素质、上网习惯、图书借鉴、就餐情况等之间存在某种关联，通过数据分析，寻找这种关联和规律，增强教育管理的科学性，从而收到“事半功倍”的效果。

2. 大数据教育管理的及时性特征

智慧校园的前提是教育管理信息化，大数据技术是高校教育管理智慧之道的依凭。高校教育管理大数据是即时的、当下的，具有预警性，这为教育管理者抓住关键时期开展工作提供了技术保障。在网络深度覆盖的校园里，师生活动处处有数据、有信息，合成空前的数量，其中的信息暂不考虑其现象是否与本质完全吻合，但是一些异常的信息和规律性的信息总是会在海量数据中涌现出来。对异常的信息，通过相应数据技术设立容忍度和临界点，使之达到界限后启动报警系统，最终起到防患于未然的作用。学生的交际问题、学业问题、就业问题、感情问题及经济问题等，都必然会通过网络时代的各种媒介得到展示与宣泄，而高校利用大数据技术，可以做到因势利导、超前谋划，及时预防和处理危机事件，将相关损害避免或减少。如果高校建立了基于大数据平台的师生行为预警机制，那么教师违反师德的行为就会早发现、早处理，这也说明了高校建立基于大数据的预警机制尤为重要。

3. 大数据教育管理的差异性特征

高校大数据教育管理的及时性、科学性是从宏观来讲的，而高校大数据教育管理的差异性则是从微观而言的。因材施教、个性化管理和多样化人才培养一直是教育的理想，高校教育管理对象具有差异性，尊重大学生的个性特点、兴趣爱好、能力差异、家庭背景差异等，是高校教育管理者做好教育教学管理和服务工作的前提。

局限于技术及精力，在小数据的时代，高校教育管理者要做到察微知著是比较困难的，但是在大数据时代，这一切都显得更加容易。大数据教育教学资源，可以为学生量身定做适合个性特征的培养方案和课程清单，让学生突破时空限制，享受高质量的教育教学资源。大数据时代个性学习，不仅对于个体有着显微镜的功能，同时也可以预测学生群体活动的轨迹和规律，为高校教师改进教学提供有效反馈。因此，大数据技术是高校精准教育、精准帮扶的重要保障。

4. 大数据教育管理的互动性特征

基于大数据的高校教育管理克服传统教育管理中的单向度，实现师生的互动，从而产生互动效应。互动效应在心理学上指两个或两个以上的个体通过相互作用而彼此影响从而联合起来产生增力的现象，亦可称为耦合效应或联动效应。一般而言，赋予积极的感情行动，将会收获积极的感情反应。高校单向传授和灌输式的传统教育教学方式缺乏感情的耦合联动，导致教育教学缺乏实效性。在大数据教学平台上，高校教师与学生可以即时互动，答疑解惑、传道授业，对于学生做题的速度、学习的进度，教师都可以实时监控，作出处理，其他学习者也可以做出解释和指导。在这样的学习互动氛围中，信任、支持、谨慎、勤奋及求精等情感信息释放，从而在整个群体中产生积极互动效应。对于思想教育工作而言也是如此。针对教育命题，鼓励大学生积极参与，充分发挥其主人翁精神，为问题的解决、为学校正能量的传播贡献计策；在学校社交平台或学习平台上，针对就业困惑、心理困惑及学习困惑等，充分发挥朋辈效应的作用，使学生自我教育、自我发展，从而实现教育的“润物无声”。

5. 大数据教育管理的整合性特征

高校大数据的整合包括高校内部和高校外部资源的整合。只有整合资源，才能使资源的利用价值最大化。高校通过大数据技术可以很好地实现资源整合。初级层次的资源整合是介于学校内部各部门、各单位之间的数据资源整合。通过大数据平台的建设，可以打破部门数据分割，实现数据共享，促进数据公开和流通。高校之间及区域之间的大数据平台建立是资源整合的高级层次，这对于促进整个地区乃至国家的教育发展、资源节约具有重要的战略意义。以慕课为例，当前，世界上主要的慕课平台有课程时代、优达学城等，这些慕课平台的建立，不仅提高了高校的全球知名度和社会美誉度，还对传播优质教育资源、促进人类教育发展有着举足轻重的作用。目前我国高校也在资源整合方面取得一定的成绩，如清华大学、北京大学、上海交通大学及复旦大学等高校已建立面向社会开放的大规模课程平台，中国大学慕课受益面不断扩大等。

6. 大数据教育管理的权变性特征

权变管理的核心思想就是“以变制变”。管理没有定法，只能根据外部环境和内部要素的变化而采取不同的方法策略。学生的学习数据、教师的教学数据、管理人员的行为数据、监控里的安全数据等，都是动态的、实时的，形成一股股信息流，一切都是不断向前流动的过程，故而“变”是高校教育管理永恒的主题，这就要求高校教育管理人员要及时掌握管理对象、管理内外部环境的变化情况，研究各种变化的趋势和规律，并研究各种变化之间可能的相互作用及后果，从而提前采取科学、适宜的有效方式来应对。大数据技术为高校教育管理者及时获得管理对象各种信息提供了技术保障，大数据的海量、快速、动态和便捷性有利于高校教育管理权变性的实现。

二、大数据对高校教育管理发展的影响

（一）大数据对高校数据采集的影响

局限于技术、人力和物力，传统高校数据采集以管理类、结构化和结果性的数据为重点，关注教育整体发展情况，这种反馈机制在一定程度上对高校教育决策、规章制度的制定起到了积极的作用；但是对于学生、教师、科研的实时掌握情况却不够，对于不好的结

果也不能提前预测和预防，而多是事后补救型，从而使高校教育管理处于被动局面。

随着大数据技术强力渗透到各行各业，高校教育数据的采集将面临新的变革。互联网、物联网和大数据技术支撑下的高校智慧校园，不仅在采集数据的数量上超越传统高校，而且在数据的质量及数据的价值方面都具有传统高校数据所不可比拟的优势。高校教育管理大数据具有非结构化、动态化、过程化及微观化的特点，处理程序更加复杂、深入和多元化。学生的学、教师的教，一切活动都处处有迹。数据流源源不断，在数据分析师的头脑加工，产生源源不断的智慧流，从而促进高校教育管理更加科学化、人性化。当然，高校大数据采集和管理宗旨是：功能是必需，情感是刚需，以人为本。然而，由于高校教育管理对象及活动的复杂性，加上缺乏商业领域标准化业务流程，高校教育管理大数据的采集活动呈现复杂性的特点。

在高校教育管理大数据的分析中，要特别强调因果关系，教育是以培养人为根本目标，它不同于无须追求根源的商业数据。教育大数据不仅要“知其然”，更要知其“所以然”，通过技术分析和处理，挖掘高校教育管理大数据所体现的规律及发现揭示问题背后的根本原因，最终寻找破解之道、应对良策，从而更好地提升高校教与学的活动效果。

（二）大数据对高校治理模式的影响

大数据时代，高校决策模式、治理模式都将面临转型。传统高校治理属于“精英治理”，受限于校园信息化程度和智能化程度，学校各项事业发展方案、措施、策略等不能广泛传达至师生，民主意识较强的管理者顶多召开一个小范围的研讨会，或者以开会的形式传达，而这种正式会议过于严肃和拘谨，缺乏自由、轻松的氛围。在以互联网、物联网、云计算、大数据及移动终端为技术支撑的智慧校园中，可以实现高校由“管理”向“治理”转变，更好地实现治理的民主化、科学化。

高校管理者与师生不受时空限制的互动交流，至少有四点优势：一是收集有利于学校发展、各项业务完善的群众智慧；二是传达学校发展战略、思路，形成上下合力；三是拉近干群距离，将各种矛盾化解在萌芽状态；四是决策处处留痕，实现阳光政务，促进决策的规范化、科学化。

（三）大数据对高校教育教学的影响

利用大数据技术开展翻转课堂教学改革或在线教育是当前高校教育管理变革的重要内容。高校学生数量庞大，是运用信息技术的主要群体，也是高校教育管理大数据的重要生产者和使用者。可以根据学习平台上不同学生对各个知识点的不同用时、不同反应，来确定要重点强调的知识和决定不同的讲述方式。大数据教学有两大优势：一是私人定制，二是大规模个性定制。私人定制即借助适应性学习软件，通过相关算法分析个人需求为每一位学生创建“个人播放列表”，且这种学习的内容是动态的。通过大数据分析，可以对提高学生个体学业成绩需要实施的行为做出预测，决定如何选择教材、采取怎样的教学风格和反馈机制等。

大规模个性定制指根据学生差异对大规模学生进行分组，通过相同测验，有更多相似性的学生会被分在一组，相同组别的学生也会使用相同的教材，因此，大规模个性定制教育的成本并不比批量教育成本高许多。大数据的教育潜力很大，运用前景广阔，以行为评价和学习诱导为特点的在线教育平台，仅是其影响高校教育的较小范围。

（四）大数据对高校考核评估的影响

作为“科学”“先进”的社会群体符号代表的高校教育管理者，对于学校的办学水平及教与学的成效评估更要体现科学性和人文性。大数据时代，从数海中找到当前教育管理问题及其影响因素和根本原因，用易懂的数据关系诠释深刻的哲学道理，是这个时代的重要特征。

大数据促进高校教育管理评估从注重经验向注重数据转变，从注重模糊宏观向注重精准微观转变，从注重结果向注重过程转变。高校教学活动是大数据评估最常用的领域，从一定意义上理解，高校大数据应是人类学、社会学、社会关系学背景下的大数据。高校内部大数据系统一定要与外部社会大数据系统建立起融合关系或者链接关系，这样才可能从知识、情感、能力、道德等方面全方位、多维度了解学生，制订人性化发展方案，有效避免以学习为中心，从而更好地实现以素质为中心的教育旨趣，才能更好培养符合社会需求的高水平专门人才。

首先，高校利用大数据技术，对人才培养、产业发展及社会信息等数据的采集要提前布局，要有连续的数据对其支撑，每个地区的生源情况、就业情况，要有长期连续的动态数据，才能从数海中预测经济发展、社会人才需求、高等教育未来发展趋势等，及时调整学校发展战略，促进人才培养模式改革。其次，大数据技术可以实现考核评估的革命性改变，高校教育管理者利用回归分析、关联规则挖掘等方法帮助教师对学生学习状况、思想状况、社交状况等进行全方位的掌握，关注学生成长的过程，实现评估的全方位和立体化，从而优化教育管理策略，提高教育管理效果。最后，利用大数据技术可以建立起教师科研、教学的预警机制，对于教学质量监控、科研趋势等设置报警区域，达到设定的阈值，系统自动报警提醒管理人员重点关注一些教师。基于大数据技术，创新高校教育教学评估体系，使之更加多元化、智能化、个性化，实现由传统基于分数的评价向基于大数据的评价转变，由传统的结果评价向过程评价转变。

（五）大数据对高校资源调控的影响

推进高校资源大数据平台建设，有利于对有限的教育教学、实验室、寝室等资源进行重组、匹配和优化，从而使教育资源具有新的结构，产生新的功能，提高资源效能。在实践中，一些高校投入巨资建设的实验室利用率较低，而有的实验室利用率很高，学生急于寻找实验室而限于信息缺乏或者人为设置的障碍无法获得资源；与之类似，教室、图书馆的阅览室也存在这样的“两极”现象，高校资源大数据平台可以很好地解决这个问题。

首先，大数据中心建设要从理念上打破所有教育教学、实验图书等硬件资源的固定归属，从学校整体层面进行调控；其次，依托物联网、通信、控制、大数据、云计算技术对资源、能源进行科学调配和利用，从而实现管理的模糊化向清晰化、经验化向科学化转变；最后，通过大数据平台实现学生对学习、生活资源的方便、快捷获取。通过建设资产信息管理与决策支持平台，使用者和管理者能及时掌握资产信息的情况，改革管理者被动、业务部门信息不对称、沟通交流不足的局面，提高管理效率；同时也为学校、二级学院及部门进行成本核算或招投标决策提供参考。

（六）大数据对高校智慧学工的影响

大数据可以促进高校智慧学生工作，大数据对高校智慧学工的影响可以从以下方面体现：

第一，高等教育转型和高等教育大众化发展，对高校学生工作管理人员提出更多的挑战。高等教育大众化的结果是高校学生规模逐年扩大，专业学生管理人员的增比不及学生规模的增比，学生工作的繁杂性和艰巨性大大增加。

第二，在信息技术的影响下，学生工作管理者传统的话语权正在被削弱，唯有顺应时代潮流，利用信息技术、大数据技术等优势，增强话语优势和管理服务效果。

第三，高校转型发展对学生工作提出更高的要求。高校教育管理目前正面临着由精放管理向精细管理的转变，传统高校学生管理存在刚性有余、柔性不足的缺点，现代教育管理的发展趋势则是柔性化。柔性管理要求以生为本，关注激发学生发展的内在驱动力、动力持久性和管理权变性。在小数据的年代，高校欲实现柔性管理显得力不从心，不能随时随地掌握学生的学习、科研、生活、社交等信息，且往往历经千辛万苦得到的数据，最后因失去时效而显得没有意义。因此，建立学生工作综合信息管理和决策平台，能够及时、全面获取学生工作大数据，能够快速发现问题，及时调整策略，主动实施有效措施，从而使工作更有弹性、彰显柔性。利用大数据技术，可以多维度、全方位地为学生画像，用来分析学生的学业情况、预测挂科、分析排名突降原因，动态评估学生消费，精准资助，预测学生毕业去向，引导个性化、针对性就业。

（七）大数据对高校智慧科研的影响

高校是培育人才、科学研究的重要阵地，高校教师肩负促进知识创新和传播的使命。“大数据正在改变着人类认知和探究世界的模式，在教育领域，大数据让教师有了探索教育规律、回归教育本质的途径和手段”①。大数据科研资源平台为高校科技创新主体提供文献资源，数据的搜集、文献的查找、资源的获取是高校教师从事科研工作的重要基础。

1. 大数据时代的科研文献库

科研文献库是高校科研的重要参考资源。科学的发展离不开交流和讨论，因为科学中存在错误和局限。科学扎根于交流，起源于讨论，一切科学知识都是猜测的、可错的，批判和批判的讨论是接近真理的重要手段，而讨论是基于科学的、可错性的，科学是一个不断进步的阶梯，今天“正确的”结论，随时都可能成为“不正确的”。信息时代的科学交流除了传统的研讨会、学会等方式外，网上资源的利用、现代科研搜索软件的运用显得更加重要。科研文献库的建立是高校科研人员文献研究的基础，有利于高校教师对已有科研成果的继承和超越。一般而言，高校科研文献库越丰富，对科学研究的正影响越显著。

高校科研文献库的建设形式有两种：购买文献资源和自建文献资源。购买资源包括高校在中国知网、万方、维普、超星、读秀等购买的论文、著作、文集等资源；自建资源包括高校特色数据库，如中国水利工程数据库、大学名师库、测绘文摘数据库、校本硕博论文库、专题数据库、特色数据库等。这些资源对于学校师生的研究和提升具有重要的借鉴与启发作用。

2. 大数据时代的科研活动

大数据使高校科研活动具有智慧性。高校教师可以利用智慧检索软件，对文献信息资源进行学科分析与科研选题，或者跟踪科研进展与定制个性化服务，精准查找交流、评价专家及合作伙伴，提高研究效率。面向科研评价领域的软件有研究者学术搜索网、可视化文献分析软件等，面向全领域的软件有网络工作台等，面向社会科学领域的软件有

---

① 郑春玲．大数据与教育管理专业深度融合路径研究［J］．广播电视大学学报（哲学社会科学版），2019（1）：113.

UCINET 等，可以很好地找出领域专家、作者从事的领域、合作团体等。

3. 大数据时代的科研效益

大数据技术使高校科研从传统的寻找因果关系转向寻找相关关系，从而减少研究资源的浪费，节约研究的时间，提高研究的效率和成果的可靠性。科学研究就是寻找大自然物理现象背后的机理、原因，大数据技术使之更容易、更接近规律，且节约成本，包括经济成本、人力成本和时间成本。通常而言，一旦我们完成了对大数据相关关系的分析，而又不再满足于仅仅知道“是什么”时，我们就会继续向更深层研究因果关系，找出背后的“为什么”。科技史上没有一个科研的突破能够离开大数据技术的支撑，高校是科研的重要阵地，高校的科学研究也需要借助大数据技术进行数据驱动的决策。

4. 大数据时代的科研管理

科研管理综合信息与决策平台有利于提高科研管理的科学性和效率性。利用内部、外部信息，进行科研数据的分析，可以消除或减少重复立项、经费安排不合理、项目负责人不胜任等问题，从而促进公平竞争、促进科研资源的优化配置，提高科研资源使用效益。建立科研大数据平台，包括从外部主管部门科研系统中获得的科研项目的数量、类别与要求，从内部科研数据库中得到的人员、设备、经费、研究经历与研究条件等信息，从网页上获得的论文和专利的数量与质量等信息，从项目成果报表上得到的成果转让和奖励等信息。通过科研管理综合信息与决策平台的建立，将各类信息进行整合，对研究课题的科学性、创新性和外部文献库进行综合分析，对申请者所涉及的各项因素综合分析，将不合理的因素排除在立项之前，最终为科研项目评估专家提供决策支持。

第二节　大数据时代高校教育管理的模式转变

得益于大数据技术的应用，我国教育改革步伐加快，无论是知识或者技术的培养，还是前端思想的引入，高校都在教育系统中发挥着不可取代的作用。在这种背景下，高校应该对自身教育管理模式展开分析，实现教育管理模式的转变升级，契合教育改革和时代发展的需要。“在当今大数据时代，高校学生管理教育工作面临着更大的挑战，对工作人员的综合素质提出了更高的要求，必须把大数据技术融入其中，合理运用大数据资源提高工作效率”①。

① 化开斌．大数据时代的高校学生教育管理模式转变与应对策略［J］．山西财经大学学报，2022，44（S1）：86.

一、大数据时代高校教育管理模式转变的意义

高校在开展教育管理工作时，必须处理复杂的信息，往往会涉及众多学生的学习和生活。在管理工作中合理引入大数据技术，能够在很大程度上实现全面收集管理信息以及更高效率处理信息，并使各项信息发挥其预期的作用。除此之外，大数据技术也有助于高校归纳和整理各项管理信息。大数据技术的应用，可使高校管理人员扩展信息收集渠道，实现不同类型的信息收集和处理工作，大幅度提升信息管理的质量，实现管理信息精确化处理的目的。特别是在处理差异性较大的信息时，大数据技术的合理应用，能够保障信息的完整性和准确性。大数据时代高校教育管理模式转变的意义如下：

第一，符合人才培养的要求。经济社会的不断发展，需要复合型及技术型人才的有力支撑，这就要求高校对学生综合素质和专业技能的培养给予高度重视，向社会提供所需要的人才，大数据技术的合理应用能够改善高校教育管理工作，为学生教育工作提供保障。

第二，适应高校教育可持续发展的需求。作为一种特殊形式的资源，包括大数据技术等在内的信息技术能够被应用在众多行业之中，而在高等教育行业中，学生、教师和管理人员都可以借此实现更为丰富的信息或者数据获取，以此保障各自工作和学习能够得到所需数据或信息的支撑，如此不仅能够实现高质量的教学活动，也能促进高等教育改革事业发展。

第三，符合社会发展的需要。任何一所高校都可以被视作小型社会，有其自身的上、下级关系和岗位。如果想要提升高校学生适应社会的能力，应该通过社会调研等方式对社会需要予以充分掌握，从而完善自身教学以及学生教育管理工作模式和方法。

二、大数据时代高校教育管理模式转变的内容

（一）紧急事件处理模式的转变

高校教育管理工作的基础之一为紧急事件处理机制，然而事件处理机制只涵盖了少部分紧急事件的处理办法，当出现机制之外的紧急事件时，往往需要在学生向教师报告之后，再进行处理工作，这不仅会使处理工作质量和效率下降，也无法做好全面的处理工作。在大数据技术合理应用的基础上，高校管理人员能够通过移动设备准确、全面地获取相关数据，继而对学生活动及观点予以充分了解，为制定完善的事件处理机制奠定基础。

（二）管理信息沟通模式的转变

随着互联网普及率越来越高，高校学生能够通过不同渠道收集信息和掌握资讯，不同信息及资讯在很大程度上对学生思想和行为产生影响，给高校教育管理工作带来了较大阻碍。中国高校的学生教育管理工作往往通过不同部门共同完成，然而每一个管理部门所承担的管理工作无法相互协调，对教育管理工作的顺利展开造成了负面影响，不利于不同部门分析信息数据，导致交流不畅等问题，使得学生在遇到问题之后，无法及时解决。大数据技术的合理应用，能给高校打造统一的管理系统，以此实现不同部门数据分析和良性互动，实现透明的教学管理工作。高校学生能够凭借该系统实现准确信息的获取和利用，最终实现统一化的教育管理。

（三）学生素质评价模式的转变

一些高校在开展学生素质评价工作过程中，往往依然采用静态结果评价方法，即对成绩或者证书等内容进行评价，这种评价方法无法对学生的心理环境以及行为举止予以评价，或者只能通过学生自评等方式完成，如此不仅无法保证评价的全面性，也无法实现评价的准确性。大数据技术的合理应用，可使高校对学生不同层面的信息予以综合处理，为制定相应的管理办法提供保障。唯有如此，才能够实现综合素质评价工作，提升教育管理工作水平。

（四）实际教育教学模式的转变

如果高校能够从不同学生的身心特点出发，采用相应的教学办法，为学生营造轻松和愉快的教学环境，能够促使学生自觉加入教学活动，最终实现教学既定目标。高校教育活动必须将提升学生专业能力和综合素质作为教学的指引，通过个性化教学方式，使学生顺应时代发展的需要。然而，在现阶段，中国依然有部分高校缺乏多元化的教学模式，无法达到高等教育改革的要求，不利于学生开展自主自觉的学习，最终使教学活动质量下降。在合理应用大数据技术的基础上，高校教师能够基于学生的个人信息，制定具有针对性的教学办法，为学生提供丰富的教学资源和渠道。除此之外，高校教师还能归纳和整理教学内容及方法，及时了解学生学习情况，进一步完善教学办法。

（五）师生交流管理模式的转变

传统教育管理模式下，高校只能向学生传递教育信息，无法有效了解学生的需要，管理方式相对固定，无法开展针对性的管理工作。对于学生而言，较大的管理压力使学生难以在学习过程中获得愉快和自由，缺乏表达内在想法的渠道。合理应用大数据技术，高校能够通过互联网和学生展开良性互动，获取学生意见或者建议，为学生创造表达看法的渠道。

（六）教育评估管理模式的转变

为有效调控教育管理工作，高校应该开展综合评估工作，从而实现合理和科学的教育管理工作。在实际评估过程中，评估人员的职业素质决定了评估工作的公正性和客观性。评估人员应该严格遵守评估工作流程，通过总结和归纳等方式，不断积累评估经验。特别需要注意的是，评估内容不应该局限在成绩层面，也应该包括学生行为举止层面，最终获得综合性评估。

第三节　大数据时代高校教育管理的实现路径

一、打造共享的大数据管理系统

大数据时代高校应该打造教育管理系统，进一步完善现有的教育管理模式，实现不同部门共享教学资源。在此基础上，高校能够不断优化现有的教育管理模式，最终实现标准化和科学化的教学管理工作，符合高等教育改革和时代发展的实际需要。高校应该从以下方面着手：一是必须保障管理系统构建的合法化，避免教学资源垄断等问题；二是应该对数据共享的意义形成准确认知，并通过有效的防范措施，实现安全的数据利用，避免个人数据的篡改或者遗失问题。高校学生则应该提升个人数据保护意识，避免个人数据被盗用。除此之外，各地有关部门应该制定相关法规，为信息共享的安全性提供保障。

二、大数据下自觉研究管理方式

大数据时代高校应该通过建模模拟等方式，全面研究信息化技术的应用办法，制定合理和科学的教学以及管理办法，还应该结合管理和教学实践，对教学及管理方法进行不断优化和改善。除此之外，高校还应定期培训管理人员，使其全面了解大数据技术，熟练处理相关信息数据，最终使大数据技术的应用落实到高校教学及教育管理过程中。各地方教育部门要促进高校大数据技术的发展和应用，需要关注以下内容：一是引导高校积极引入大数据技术，并且对其实际应用给予适当的扶持，可以制定大数据技术应用指导手册，使高校管理人员职业素质得到进一步提升，以此推动高校教育管理改革事业；二是颁布旨在促进高校应用大数据技术的指导纲要，并且纳入包括应用流程以及办法在内的相关内容，以此使高校明确大数据的实际意义，最终为高校教育管理工作的顺利展开奠定基础；三是在技术层面为高校的大数据技术应用提供帮助，也应该要求高校对自身管理人员展开培训工作。除此之外，各地方教育部门还应该为高校提供相应财力和人员支撑，保证高校具备足够的教学硬件和软件设施。

三、研发相应教育管理软件系统

大数据时代高校要有效利用大数据技术，实现智能化的教育管理工作。技术人员应该从高校实际情况出发，研制合理、有效的管理软件系统，对学生学习和教师教学活动展开全面的管理工作，为校园餐饮以及文创工作提供明确指引。凭借反馈功能，无论是高校教师，还是学生及家长，都能够提出意见和建议，使高校及时了解教学和管理工作中的实际需要。除此之外，通过管理软件系统，高校还能够发布各项活动信息，学生和教师之间也能够展开积极的互动。将大数据技术应用于实验设备管理工作中，相关管理人员能够对设备使用信息展开全面收集和记录，获得全面的实验结果，确保实验数据的精确性。除此之外，也能最大限度避免出现设备故障问题，有效调整设备数据，保障设备的有效应用。

四、积极组建专业数据管理团队

为了实现高校教育管理的数据化，管理人员必须具备较强的专业技能和管理水平。这就要求高校必须组建专门的数据管理团队，并配备相应的管理设备，以便对教学和管理数据进行全面收集，也能够及时整理和处理相关数据信息，进而实现更高质量和效率的信息管理工作，为高校教育管理模式改革提供有力保障。除上述措施之外，高校必须在合理应用大数据技术的基础上，指派专门的监督人员全面和有效检验数据管理工作的质量及成效。特别需要注意的是，监督人员必须对利益相关者的信息权益予以尊重，不断提升自身职业素养。高校还应该设置包括访问权限以及身份验证在内的信息防范措施，最大限度避免数据相关者的利益受到损害。

总而言之，大数据技术在各领域得到了普遍应用，其自身也得到了进一步革新和发展。将大数据技术应用于高等教育领域，有助于高等教育转型和改革，提升高校学生教育管理工作效率：一方面，能够提升高校管理工作的质量；另一方面，有助于复合型人才的培养，最终全面提升高校学生竞争力及综合素质。高校在教育管理过程中，要合理利用大数据技术做好高校教学管理工作，将大数据技术与高校管理工作进行紧密结合，有效推动高校教学管理工作的变革。“未来高校教育管理会向精细化和智能化方向发展，高校教育管理者要紧跟时代发展潮流，提升信息化管理技术，把握高校管理发展方向，最终通过高校积极为国家建设培养出更多优秀的人才”①。

① 刘瑞丽. 大数据时代高校教育管理的走向及实现路径［J］. 环渤海经济瞭望，2020（5）：138.

第三章

基于大数据时代的高校教育教学管理体系

第一节　高校教育教学管理的内容与方式

一、高校教育教学管理的内容

高校教育教学管理是指在高等教育机构中，对教学过程进行组织、协调和监督的一系列管理活动。高校教育教学管理的内容如下：

（一）高校教育教学计划制订

教学计划是高校教育教学管理的基础，它是根据学校的办学宗旨和培养目标，结合学科特点和社会需求，制定的具体教学安排。教学计划包括课程设置、学分要求、教学目标等内容。教学计划的制订一般由学校的教务部门或相关教学管理机构负责，需要充分考虑学科的连贯性、专业的实践性和学生的兴趣需求，确保教学计划的科学性和合理性。教学计划的制订方式可以采取多种途径，如教学委员会或学术委员会的讨论与决策、专家评审和校内外的评估意见等。此外，随着社会变革和专业需求的变化，教学计划也需要不断进行修订和更新，以适应时代的发展和学生的需求。

（二）高校教育教学质量监控

教学质量是高校教育教学管理的核心内容之一。教学质量的监控和评估是确保教学工作正常运行及提高教学效果的关键环节。教学质量监控的方式包括教学评估、学生评价、课程反馈等。教学评估可以通过定期的教师评审、教学观摩、课程评估等方式进行，以评估教学过程和效果。学生评价是通过对学生的学习情况及满意度进行调查和评估，以了解学生对教学的反馈和需求。课程反馈则是通过对课程内容和教学方法的反馈意见，来改进和优化教学过程。教学质量监控的结果应该被及时采纳和运用，以改进教学质量和提高学生的学习效果。学校可以设立教学质量监督机构或委员会，负责收集、分析和利用评估数据，通过制定相应的改进措施和教学支持计划，促进教师教学水平的提升和教学质量的持续改进。

二、高校教育教学管理的方式

（一）高校教师管理的方式

教师是高校教育教学的中坚力量，教师管理是高校教育教学管理的重要内容之一。教师管理涉及教师的招聘、培养、评价和职业发展等方面。教师的招聘和选拔应该根据学校的教学需求及学科特点，结合专业背景、教学经验、教学能力等综合因素进行评估和选择。教师培养是指通过教师教育和培训，提高教师的教学水平和专业素养。学校可以设立教师培训中心或教师教学发展委员会，组织教师培训课程、教学研讨会、教学观摩等活动，为教师提供专业发展和教学交流的机会。教师评价是对教师教学表现的全面评估，包括教学能力、教学方法、教学效果等方面。评价可以通过学生评价、同行评价、教师自评等方式进行，以促进教师的教学能力提升和个人成长。此外，学校还应该为教师提供职业发展的机会和平台，通过晋升、职称评定等方式激励教师积极投身教学事业。

（二）高校学生管理的方式

学生是高校教育教学的主体，学生管理是高校教育教学管理的重要环节。学生管理包括学生选课、学籍管理、学生考核与评价、学生辅导和支持等方面。学生选课是指学生根据自身的学业规划和兴趣选择适合的课程。学籍管理涉及学生的注册、学习进程的记录、学籍变动等事项，确保学生的学业信息的准确性和完整性。学校可以制定统一的考核标准和评价体系，对学生进行成绩评定、学业评估和学术表现的评价，以激励学生学习，并为学生提供相应的奖励和支持。学生辅导和支持是指为学生提供心理、学业、职业方面的指导与支持。学校可以设立学生事务部门或学生服务中心，提供学生管理和支持服务，如学业辅导、心理咨询、职业规划等。

（三）高校教学资源配置方式

教学资源是高校教育教学的基础设施和教育工具，教学资源配置是高校教育教学管理的重要内容之一。教学资源包括教室、实验室、图书馆、教材、技术设施等。教学资源的合理配置可以有效支持教学活动的开展和学生的学习需求。教学资源配置需要根据学校的教学需求和资源情况进行规划与管理。学校可以通过课程安排、教室预约系统等方式，合理安排教学场地的使用。实验室和技术设施的配置需要根据教学科目的需求，保证设备的完好和有效使用。图书馆的资源配置包括图书采购、数字资源的获取和管理，以满足学生的学习和研究需求。此外，随着信息技术的发展，教学资源的数字化和在线化也成为一种趋势。学校可以利用在线学习平台、教学管理系统和虚拟实验室等技术工具，提供更便捷和高效的教学资源和支持。

综上所述，高校教育教学管理的内容与方式涵盖了教学计划制订、教学质量监控、教师管理、学生管理和教学资源配置等多个方面。通过科学合理地组织和管理教学活动，高校教育教学管理可以提高教学质量，促进学生的学习和发展，为高等教育的提升和创新发展做出贡献。

第二节　高校教学管理信息化及其建设策略

“在高等教育现代化发展背景下，利用现代信息技术优势推动高校教育管理工作创新，是实现教育管理现代化的重要举措。教育管理信息化是信息化社会的呼唤，能够有效提升高校教学管理工作质量，是推动高校信息化发展的重要举措”①。

一、高校教学管理信息化的理论支撑

教学管理是根据教学规律和特点，以实现具体的教学目标为导向，对教学过程进行全面管理的一项工作。在高校中，教学管理是高校管理者根据一定的教育思想，运用特定的管理手段，遵循教学规律和管理规律的原则，对教学过程进行计划、组织、指挥、协调和控制的活动，以维护高校正常的教学秩序，优化教学资源配置，并使教学实践达到预期目标。教学管理是高校特有的一项活动，既具有实践意义，又涉及学术意义，其本质是高校学术思维与管理思维的结合。教学管理是一门在实践中推动教学发展的学术领域。一般而言，现代高校教学管理的研究理论主要基于教育心理学、教育管理学、高等教育学、教育技术学等教育学和管理学的相关学科。这些学科为教学管理提供了理论框架和方法论，从认知、组织、领导、评估等角度对教学管理进行深入研究。这些研究为高校教学管理的实践提供了指导和支持，有助于提升教学管理的效能和质量，促进教学创新和发展。

---

①　卢保娣．大数据时代高校教育管理及其信息化建设［M］．长春：吉林大学出版社，2021：16.

高校教学管理信息化是管理信息化思想在高校教育管理领域的衍生，指在现代教育思想指导下，利用计算机、网络通信及多媒体等现代化信息技术，对高校教学过程进行管理，从而达到既定教学目标的状态或方式，是信息技术在高校教育管理领域的具体应用。高校教学管理信息化依托先进的信息技术，依据现代高等教育与管理思想，改变高校传统的教学管理方式，通过对教学过程实施高效率的计划、组织、指挥、协调、控制，以实现高校教学目标。高校教学管理信息化不仅意味着高校教学管理信息系统相关硬件、软件平台的开发建设，更包含教学管理理念的现代化、科学化、高效化。高校教学管理信息化是对传统教学管理方式的改变，其研究涉及教育学、管理学的相关理论，由于高校教学管理信息化建设包含高校教学管理信息系统硬件和软件建设，属于电子校务实施的一部分，因此其研究也涉及电子政务的相关理论。

（一）教育学理论支撑

教育学是一门独立的学科，是研究人类教育现象和解决教育问题、揭示一般教育规律的社会科学，是对教育活动过程中理论与实践经验进行归纳总结，并为未来教育活动提供经验参考的有目的地培养社会人才的实践活动。教育学的研究对象是在教育价值观引导下形成的、客观存在的实际教育问题，教育问题普遍存在于人类社会生活中，具有一定的必然性、稳定性、重复性、现实性、辩证性及科学性，教育学研究的最终目的在于通过对现实教育问题的研究，总结教育经验、归纳教育规律、形成新型教育价值观念，以科学的理论和观念服务于未来教育和创新型人才培养计划。

教育学涵盖的教育技术学、教育管理学、教育心理学、高等教育学等分支学科，都是进行高校教学管理信息化研究的理论基础。如教育心理学中的行为主义学派、认知学派以及建构主义的教育教学理论，为构建教学管理新模式的理论假设提供依据；教育技术学中的技术手段为教学管理提供了直接的实践方法；教育管理学是研究教育管理过程及其规律的科学，研究教育工作的管理和组织领导，包括各级各类教育行政机关和各级各类学校管理工作的科学理论及行动规律，认识教育系统及其政策，提升管理者的认识水平以及管理能力；高等教育学是专门以高等教育运行形态和发展基本规律为研究对象的具有综合性、理论性和应用性的教育科学，立足新时期、新任务、新特点，探索高等教育和人才培养的基本规律。

（二）管理学理论支撑

人类从事各项社会活动，必然需要某种意义上的指挥与协调，即需要一定的管理，于是管理学应运而生。这一科学是为了实现集体活动而采取相应的活动服务，是研究一个集体的形成、壮大、衰亡与运转方式的科学。具体而言，管理学负责解决的是人、财、物的运转方式问题，目的是使人、财、物的配置达到合理预期。在方法上，管理学需要综合使用定量分析与定性分析。尽管大多数管理学理论及学术流派的研究主要针对企业管理，但是管理学理论对教育管理理论的形成和发展，对教育实践活动同样具有指导意义。从以泰勒为代表的科学管理、法约尔和韦伯为代表的行政管理两种思潮的古典管理理论到人际关系理论，再到行为科学理论，管理理论经历了一次重大飞跃，这些管理理论的每一次发展都对教育管理产生了不可忽视的影响。

第一，科学管理理论。科学管理理论是 20 世纪最早的管理学思想，以效率为核心思想，对教育管理领域的影响主要表现在：教育效率观的引入、教育标准化运动和教育测评运动等。

第二，人际网络理论。人际网络理论对教育管理的影响主要表现在：强调集体视域下每个个体行为对整体行为的影响，以及个体心理与集体思维的离合关系；重视教师参与学校的教学管理；重视民主教学和民主监督等。

第三，行为科学理论。行为科学理论对教育管理领域的影响主要表现在：为教育管理提供多维度的研究视野；强调教育管理的实证方法研究；提出在教育管理研究中将学校看作一个开放的系统，使人们对学校和外部环境的关系有了更进一步的认识。

（三）电子政务理论支撑

电子政务指高效、开放的政府凭借计算机技术、现代通信技术等高新技术在安全可靠的网络平台上行驶管理职能，开展政务活动。电子政务已成为经济社会发展的重要手段和基础。教育电子政务是电子政务在教育领域的推广和应用下的产物，作为教育信息化建设的重要组成部分，加强电子政务在教育领域（如教育行政部门和学校相关部门）的应用，在实现教育管理现代化方面将发挥重要作用，不仅是现阶段教育行政部门和学校转变管理职能以适应现代化建设的重要方向，对于提升教育行政管理部门和学校职能部门的工作效率及质量、加强内涵建设及建立健全的教育管理体制方面同样意义深远；更是现代信息社会发展的内在要求，是推动实现国家信息化发展整体战略规划的必然选择。

我国教育电子政务伴随着教育信息化建设的深入和政务信息公开的要求而产生。教育部自 2001 年起开始规划和建设教育电子政务应用体系框架，并以高等教育管理为突破口，开启我国教育电子政务实际应用先河，在此基础上，2004 年电子政务试点工程的启动，标志着我国教育电子政务建设的正式实施。高校的电子校务建设在这个大背景下应运而生，而教学管理信息化的建设和研究正是电子校务建设的核心系统之一，电子政务的相关理论对高校教学管理信息化研究也具有重要指导意义。

二、高校教学管理信息化建设的目标

我国高校实施教学管理信息化建设是为了适应高等教育事业发展，实现高校教学管理高效、科学和规范，为新时期高校人才培养质量的提高提供保障。因此，将高校管理内容进行信息化梳理，对提高高校信息化管理水平、增强教育质量都具有重要意义。

（一）突出高校教学管理信息化的地位

教学管理信息化在学校教学管理各项事业中的重要突出地位，是衡量高校教学管理信息化建设目标的重要标志之一。教学管理信息化的突出地位，意味着学校决策层在教学管理信息化建设中能够意识到将信息化作为提高教学管理水平、促进人才培养质量提高的重要工作来抓，一方面表现在从事教学管理信息化建设所需的政策、组织机构、配套管理制度等软环境，能够满足教学管理信息化建设需要；另一方面表现在进行教学管理信息化建设所需的财力、人力等物质保障条件，能够达到教学管理信息化建设过程要求。

（二）完善教学管理信息系统运行效果

教学管理信息系统是教学管理信息化建设应用解决方案的核心，其运行效果是教学管理信息化建设最显著的表现。教学管理信息系统运行效果优良是完善的教学管理信息化建设应该具有的最重要和最基本的特征。因此，高校教学管理信息系统运行效果应该具备以下要素：

第一，从软件自身方面来讲，其技术实施方案先进，功能比较完善，用户界面友好，便于学习和使用，同时能够较好地适应学校的实际教学管理过程，完成学校教学管理工作中各项教学事务的处理；软件智能化程度高，能够高度减轻教职工完成教学事务处理的工作强度，使用效率高。

第二，从组织机构方面来看，学校的信息化组织架构完善，级别层次高，校领导担任信息化组织机构负责人，设有专门办事机构。从机制上保障对教学管理信息化建设进行长期规划和指导，为教学管理信息系统在学校教学管理中的广泛应用提供强有力的支撑。

第三，从配套制度方面来看，学校教学管理信息化建设的相关配套制度制定比较完善，为教学管理信息化实施的规范、透明、公正奠定基础。完善的教学管理信息化相关配套制度，既可以规范和约束教学管理信息系统的正确使用，保证教学运行数据的真实有效，又可以促进教学管理服务的各种办事流程建章立制，便于相关教学管理服务信息的对外发布和接受监督，保证教学管理信息系统长期规范使用的连续性和透明性。

(三) 帮助教职工适应信息化工作环境

广大教职工是教学管理信息化建设的主体和最终受益者，他们对信息化工作环境的良好适应，也是高校教学管理信息化建设取得良好成效的重要体现。教职工具备良好的信息化工作环境适应能力表现在：(1) 具备较高的信息技术应用水平，能够熟悉使用现代信息技术从事教学活动，熟练应用教学管理信息系统完成各项教学管理服务事项的办理；(2) 具备良好的信息素养，具有主动使用现代信息技术从事教学和完成教学管理服务事项办理的意识，并愿意接受教学管理信息系统使用带来的高效、便利。

完善的信息化服务是高校教学管理信息化建设取得良好成效的高层次要求。高层次的教学管理信息化建设不仅意味着只着眼于解决教学管理中的各种问题，实现各项管理职能，减轻教职工从事教学管理工作的劳动强度，还应该满足广大师生对各种信息化教学服务的需求，助推教师教学能力的提升和学生的成长成才，促进教学管理部门的职能从侧重管理转变为侧重服务。

三、高校教学管理信息化的建设策略

(一) 构建高校教学管理信息化支撑环境

构建高校教学管理信息化支撑环境，是合理利用一切有利于高校教学管理信息化发展的环境因素，为高校教学活动的开展提供全面的技术支撑与服务，以实现教学手段的多样化、教学资源的数字化、教学平台的网络化等。

1. 高校教学管理信息化支撑环境模型的构建

1）高校教学管理信息化支撑的硬件环境

高校教学管理信息化支撑硬件环境主要指基础设施建设，表现为校园网建设、信息化教学环境、校园机房、个人信息化终端设备建设等方面，是高校教学管理信息化顺利开展的物质基础与前提。

第一，校园网。校园网是建立在高校内部，为高校师生提供信息交流、资源共享、教学管理等服务的网络信息系统，是实现教学信息化的有效载体。校园网在改变传统的教学模式、教学方法与教学手段的同时，也促进了教育观念、教学思想的转变。

对学生而言，基于网络的校园网拥有丰富的学习资源、学习平台、学习信息等，为学生构建一个开放、高效、交互式的信息化学习环境。任何学生在任何时间、地点，均可利用校园网获取需要的信息与资源，自主构建新知识。在这个过程中，不仅提高了学生收集、甄别、分析信息的能力，还提升了他们的信息素养。

对教师而言，教师可以利用校园网上优质的教学资源，制定出符合学生需求、个性发展的教学内容，从而优化教学效果、提升教学质量。教师还可以利用校园网与学生进行学习沟通与反馈，及时且高效地捕捉学生学习动态，成为学生意义建构的帮助者、促进者，在教学中发挥作用。

对高校而言，校园网提供了便捷的教学管理功能，例如，基于网络的成绩管理、学籍管理、图书管理等。校园网的建设拉近了全球各高校之间的联系，实现了跨区域的资源共享与合作，扩大了教育规模，节省了教育成本，成为硬件环境的核心建设内容之一。

第二，信息化教学环境。信息化教学设备是高校教学管理信息化有效开展的物质基础，它拥有的种类与数量在一定范围内代表了一所高校的硬件设施能力，主要包括计算机、电子白板、录像机等设备。只有具备完善的信息化教学设备，教师才能高效地开展教学工作。信息化设备可以在具体的教学实践中发挥最大功能，形成信息化教学环境，也就是通常所说的多媒体教室、微格教室、虚拟实验室等。信息化教学环境泛指一切与高校教学活动相关的信息化场所，一方面为教师提供便利、高效的授课环境，优化教学质量与教学过程；另一方面，为学生打造良好的信息化学习环境。

2）高校教学管理信息化支撑的软件环境

软件环境包括各种数字化教学资源与教学系统，是高校教学管理信息化建设的核心内容。

第一，数字化教学资源。数字化教学资源指经过数字化处理，可以在多媒体计算机及网络环境下运行的多媒体教学材料。按信息的呈现方式划分，数字化教学资源可分为数字化的幻灯、投影、音视频以及网上教学资源等。与传统的教学资源相比，数字化教学资源有处理技术数字化、处理方式多媒体化、信息传输网络化等特点。

数字化教学资源的有效利用，是每一位教育工作者应具备的基本能力，也是每一位教师信息素养的集中体现。学生可以利用数字化教学资源开展自主学习，以提升自身的专业能力与信息素养。因此，加强数字化教学资源管理与应用的最终目的是优化教学，促进师生共同发展。

第二，远程教育平台。网络技术的普及使得远程教育平台的应用成为现实，相关互联网软件的研发为网络教育的发展提供了助力。网络教学平台应该拥有数目庞大、种类众多的教学资源。教师可以依据实际情况，制订相应的教学目标与计划；利用网络教学素材、网络教学工具进行课件制作与编辑，同时发布课程；在该平台与学生进行信息交流与学习互动；该平台还为教师提供便捷的在线组卷、教学评估、课程管理等功能，教师能够自由制订授课计划、设计授课内容、把握授课进度，极大地提高了教师工作的灵活性。

对于学生而言，他们在明确自身需求的条件下，可以在任意时间与地点，开展网络课程的学习活动，合理利用网络教学平台的优秀资源，制订符合自身需求的最优学习计划；该平台还为学生提供在线答疑、作业提交、在线测评等功能，全面支撑学生学习活动的每一个环节，不仅提高了学生的专业能力与信息素养，也提高了他们自主探究的能力。

第三，教学管理系统。教学管理系统是面向教师、学生和管理者，结合教学实际需要构建的教学管理和综合服务支撑平台。对于管理者，可以利用系统进行学籍管理、师生档案管理、教室管理等；对于教师，可以利用系统发布最新的教学计划、查看学生档案；对于学生，可以利用系统及时获取最新的教学信息、网上选课、查看考试安排及成绩等。在整个教学管理流程中，管理者、教师、学生共同参与教学管理系统的使用，通过该系统实现三者之间的有效沟通与协调，将不同种类的业务整合起来，实现教学管理的信息化、智能化、无纸化等，提高教学管理效率。

3）高校教学管理信息化支撑的潜在环境

潜在环境包括信息化教学人员与保障体系两个方面，涉及信息化教学人员、组织与机构、政策与制度、信息化培训、网络与信息安全、经费投入等。

第一，信息化教学人员。随着信息技术的普及，信息素养已经成为评价一个人综合实力的核心指标之一。开展教学信息化，培养高素质的信息化人才，已经成为教育改革的必然趋势。这一切的发展都要求建设一支优质且具备良好教育技术能力的师资队伍。在教学信息化进程中，教师起主导作用，是实现教学信息化的关键。高校教师的教育理念、对信息技术的态度、教育技术能力等，都将对学生信息素养的发展产生潜移默化的作用。

在信息化教学环境下，教师应该具备良好的信息意识和教育技术能力。教育技术能力包括现代教育理念、信息素养以及教育技术应用研究能力，其中信息素养是核心。学生是教学信息化的主体，其信息素养能力将直接影响国家的国际竞争能力，因此，培养学生的信息素养十分必要。学生的信息素养主要指学生利用信息技术促进学习活动的能力，唯有具备良好的信息素养，才能高效地检索、甄别、分析、处理、应用资源。利用信息技术开展学习活动的过程，也有益于培养学生的探究意识、发散性思维以及创新精神。

第二，组织与机构。高校教学管理信息化的有序开展，需要完善的组织与机构为其奠定基础。组织与机构通过制定合理的管理体制，保障教学信息化的顺利开展。

第三，政策与制度。高校教学管理信息化建设需要契合实际需求的政策与制度保障，既需要国家宏观调控，实施积极的引导，又需要高校自身重视与积极响应。制定出切合实际的政策与制度，有利于促进基础设施、教学资源、教学人员等建设的稳步推进，让高校教学管理信息化建设有法可依、有据可循。

第四，信息化培训。随着素质教育的不断推进和发展，信息化网络时代的兴起，对教师的教学能力和教学方法有了更高要求。为了切实提高教师的教学能力，除了教师自身要自主学习、不断进步外，学校还要定期对教师进行专业培训，全方位提升教师专业技能，帮助学生更好更快地学习和成长。

第五，网络与信息安全。校园网在高校的教学、科研、管理、信息交流等方面扮演着极为重要的角色，其信息安全状况将直接影响教学活动的开展以及高校教育信息化的进程。基于网络的开放性，每个人都可使用计算机连接网络，在享用便利的同时，各种网络与信息安全问题随之产生。影响高校网络与信息安全的问题除雷电、火灾等环境因素外，更多的是来自网络本身，既包括网络自身的弱点，也涉及管理方法和人为因素，以及来自外部的攻击。为了构建安全的高校网络与信息环境，高校必须建立起行之有效的信息化安全保障体系。

第六，经费投入。经费是教学信息化环境建设的必要因素之一，该建设涉及诸多方面，需要耗费巨大的人力、物力与财力。因此，只有加大资金投入，才能让建设落到实处。

2. 高校教学管理信息化支撑环境的优化策略

（1）高校教学管理信息化支撑的硬件环境优化策略

第一，成立相关机构，统一采购、维护、监管信息化设备。为保障信息化基础设施的有效建设，高校应该成立相关机构，严格监管信息化设备的采购、使用、维护与管理。当高校有购买信息化设备需求时，可向该机构提交申请；待核查落实后，根据该校的实际教学需求与经费条件进行筛选；审批通过后进行统一采购。统一规划、统一采购使高校教学管理信息化建设更具条理性与规划性，避免设备的重复购入、设备使用率低下、资金浪费等现象的发生。通过统一规划与采购，获得比单台购买便宜的价格与更好的售后服务，将有限的资金投入最迫切、最具效益的项目上，避免资金的浪费与设备的盲目购买。

机构还应该建有专业的维修部门，对信息化设备的使用情况进行监管，以确保设备的使用效果、使用寿命等。在信息化设备出现问题时，向相关维修部门进行报修后，派出专业维修人员对其设备进行维护，加快维修响应速度。相关维修部门也应该对设备进行定期检查与保养，有效预防故障的发生与延长设备的使用寿命。高校需要成立相关机构，集中采购、维护、监管信息化设备，还需要完善各种信息化设备使用、维护、监管等保障制度，建立科学的评价与反馈机制等，以提高高校信息化基础设施的建设水平。

第二，建设多媒体教室的远程监控系统。我国很多高校虽然已经建成相当数量的多媒体教室，但是由于教室数量庞大且分散，难以集中管理与监控，造成维修响应速度低下、维护困难等现象。因此，高校应该建设多媒体教室的远程监管系统，实现实时监管、远程听课、教学录制等功能。

（2）高校教学管理信息化支撑的软件环境优化策略

第一，构建统一应用平台，提高资源共享程度。高校内部各个院系、部门之间都建有应用平台，由于平台的建设时间、搭建技术、数字格式、模块接口、应用环境等不统一，难以实现信息流通与资源共享。因此，必须搭建统一的应用平台，在提升资源利用率的同时，扩大共享程度与范围。高校可以需求为导向，搭建统一的资源应用平台，通过网络将优质的数字化教学资源上传到资源中心数据库，资源按照“院系—专业—课程”目录进行统一管理，以提高资源的共享程度。此外，共享不应该局限于高校内部，而是应该扩大到各大高校之间、高校与企业之间、国内高校与国际高校之间，按照多方合作、优势互补、互利互赢的原则，建立统一的教学资源中心，实现教学资源的“共知、共建、共享”。

第二，统一规范与标准，整合数字化教学资源。高校应建立起统一的规范与标准，将资源整合并集中管理，从而扩大资源共享程度与范围。只有按照统一标准与规范建立起的数字化教学资源，才能实现教学资源在开发者、用户以及计算机三者之间畅通无阻的交流与交换；才能实现跨平台的数据共享。所以，高校应该制定统一的数字化教学资源建设规范与标准，定期组织教师、技术人员进行学习，以提高资源制作的规范性、实用性与共享性。构建统一的数字化教学资源库，将分散、孤立的教学资源集中起来进行统一储存与管理，以满足多方面的教学需求。

第三，教师与技术人员共同协作，提高教学资源质量。高校教师应与专业技术人员共同协作，组成课程建设团队，共同设计、研发出高质量的数字化教学资源。课程建设团队需要明确目标、统筹规划、科学分工。各学科教师拥有丰富的实际教学经验，熟悉教学重难点，了解学生在学习过程中可能出现的问题，可以负责教学内容、教学过程等方面的设计；技术人员则凭借专业能力，负责数字化教学资源的制作工作，通过信息技术实现教师的教学设计。

课程建设团队在自主研发数字化教学资源时，应该注重针对性与实用性，根据具体的教学内容、学习者的特点等方面，确定数字化资源的媒体表征形式，然后进行教学资源设计、开发与运行，在反复修改、调试后，将最终的教学资源发布到相应的网络教学平台上。课程建设团队还可以利用网络收集与教学内容密切相关的各类优质资源，在尊重其知识产权的基础上，根据教学实际，对其进行修改、加工，实现数字化教学资源的本土化。

课程建设团队需要注重信息技术与各个学科之间的深度整合，开发出具有实用性、针对性、多样性与交互性，并且能够反映教学目标、教学重难点的优质教学资源。课程建设团队要及时更新、购买教学资源，时刻关注相关领域的最新动态与信息，做到与时俱进。

（3）高校教学管理信息化支撑的潜在环境优化策略

第一，健全信息化专业人才引进、培养机制。高校只有维持相当规模的专职人员数量，才能为教学信息化的开展和运维提供专门服务，才能保证教学信息化的有序实施。高校在大量聘请专业能力高、综合能力强的信息化专职人员的同时，应该不断完善人才引进与培养机制；建立良好的信息化专职人员培训管理制度与培训机制，不断扩大信息技术考核对象规模，有阶段、有计划地推动专职人员的引进与培养。

第二，营造良好的信息化校园氛围，提高师生信息化意识。高校要努力营造良好的信息化校园氛围，有利于提升学生利用信息技术开展学习活动的意识、有利于提升教师开展信息化教学活动的意识，有利于推进教学信息化进程。高校可以面向学生开展与教学信息化相关的各类学术讲座、报告、公选课；在校园内张贴教学信息化宣传海报，针对教师开展信息技术与课程整合的讲课比赛、课件制作大赛、信息化培训等活动。通过打造良好的信息化校园氛围，在潜移默化中提升全校师生的信息化学习意识与信息技术水平。

第三，积极利用网络教学平台，创新信息化培训内容与形式。培训内容应该满足教学与科研需要，注重将理论知识应用于教学实践中，以提高教学效果为目的，根据各学科教师的学习意愿、各学科的特殊性，制定不同的培训内容，注重培训内容的实用性与针对性；还可以问题为导向，开展培训，将培训过程视为教师自身查漏补缺的过程，按照“查找不足—分析原因—设计方案—学习行动—检查评估”的流程进行，通过培训不断完善自身的教学能力。采用这种方式更易于提升教师的参与度与积极性。

第四，建立健全评价、激励机制，充分调动教师的积极性。高校应该采取灵活多样的评价方式，根据各个高校的实际需求，制定一套与教学信息化相匹配的、全新的教学评价体系。高校通过信息化教学能力与个人教学评估相挂钩、信息化教学质量与院系评优相挂钩、信息化教学能力与职称评聘相挂钩等方式，调动教师积极性。高校还可以通过制定多种形式的激励机制，提高教师与学生的信息化热情；结合教师与学生的心理需求，采取物质激励与精神激励相结合的方式；注重激励的适度性与及时性。

第五，加强全校师生信息安全教育与技能培训。采取信息安全教育与技能培训方式，提升全校师生的信息安全意识。一方面，定期组织、开展信息安全法律法规的学习活动，普及信息安全知识，提升信息安全意识；另一方面，定期邀请专业人员为全校师生开展信息安全技术培训，由专业人员教授师生基本的安全防御技能。

第六，优化资金结构，合理划分经费用途。高校领导在投入大量经费进行信息化建设的同时，应该优化资金结构，合理划分经费用途。高校领导在进行决策时，应该根据高校的实际情况，合理分配资金结构，做到建设与应用两手抓：一方面，逐步完善基础设施建设，进一步优化信息化教学环境；另一方面，增加教学应用相关投资，促进教学资源、平台的建设与优化，完善信息化培训内容与制度。高校还可以多种方式筹集资金，或是利用校内物力、人力资源接洽校外业务，积极创收，从而扩充高校教学管理信息化建设经费。

（二）发展高校教师信息化教学管理能力

教师是课堂内容的传达者，是课堂节奏的把控者，是学生精神世界构建的灵魂工程师。提高教师教学的信息化水平不仅可以提升教师的核心竞争力，还可以提高学校的品牌知名度。教学信息化能力的提升是一项国家政策，从微观上来看，教学信息化的实现需要教师主动提升能力。同时，高校管理信息化建设是为了适应现代化教育方向而做出的重要调整，需要经历一个从无到有、最终实现体制化的过程。就现阶段而言，信息化教学正处于从被动接受到主动学习的过渡期，依赖于国家、学校和教师的共同努力和推动。

1. 发掘激活高校各级个体潜在需求

信息化教学拥有一个良好的外部环境和外在动力，也就是社会信息化的存在及其发展。要把外在动力转化为内在动力，需要激发各级个体的潜在需求，实现隐性需求向显性需求的转变，还需要借助机制及体制的规范，让信息化教学模式得以推广。

通常情况下，教师提升信息化教学能力的渠道往往是学校，主要途径在于学校的有效培训。但在社会信息化起步阶段，社会信息化的程度直接影响教师感知信息化教学能力的程度。因此，在学校开展针对提升教师信息化教学能力的培训，首要的是扩大教师对信息化教学的认知，让教师对信息化教学产生潜在需求，而这种需求往往不易被意识到，但却是高校提升信息化教学能力的关键环节。

2. 完善高校信息化教学的各项机制

高校教师信息化教学能力的全面提升，与高校的信息化教学机制的完善程度之间存在密不可分的内在联系。若要提升教师的信息化教学能力，高校需要做好信息化教学分享、培训等工作，并建立健全考核机制及科学教学评价体系。

（1）信息化教学分享机制

信息化教学是借助信息通信技术解决教学问题，并实现两者有机结合的综合过程。信息化教学能力是在这个过程中形成的一种复杂的、只可意会不可言传的综合性能力。高校教师信息化教学发展过程中非常重要的一部分，是不同经验的教师之间的经验交流和分享。在这个互动性极强的过程中，教师开放共享的交流氛围，不仅可以帮助教师发现信息化教学中的问题和自身信息化教学能力的不足，找到解决相关问题的不同方案，还可以激发学生的创新精神，提升教学水平。此外，更为重要的是，经验分享过程可以强化教师头脑中关于教学目标和教学方法的认识，通过互相交流和分享，提高教师的创新和科研能力，通过改进教学方法、调整教学模式等，提高自身信息化教学能力及课堂教学水平。

（2）信息化教学培训机制

高校信息化教学能力培训，主要分为岗前信息化教学培训、校本信息化教学培训和校外信息化教学培训三个方面。以前两项为主，是由高校免费为教师组织的教学培训；后一项为辅，通常是由营利机构有偿组织的教学培训。从效果上来看，高校信息化教学能力的培训时间自由、成本可控、效果显著，得到广泛认可。

当前，高校教师的聘用普遍存在重科研能力、轻信息化教学能力的问题，在这种聘用环境下，岗前信息化培训和系统的校本培训，是提升教师信息化教学能力的主要途径。所谓岗前信息化培训，是教师在正式受聘上岗之前进行的信息化教学培训，是教师接触、理解和有效运用信息化教学手段的起始阶段，对于新入职的教师进行岗前信息化培训，可以让教师更好、更快地适应信息化教学模式；系统的校本培训则是以全体教师为对象，针对信息化教学模式与信息化教学技能进行培训，意味着教师开始将目光倾向于信息化教学，旨在通过系统的校本培训，提升其自身的信息化教学能力、学习和实践能力。

（3）信息化教学考核机制

从现阶段来讲，信息化教学水平考核尚未在教师教学评价考核体系中得到普及，但信息化已经成为衡量高校综合竞争力的重要标准之一。因此，加强信息化教学考核机制的建立，不仅是提升高校品牌内涵的重要内容，更会对教学能力的整体提高有很大的促进作用。具体而言，加强高校信息化教学考核，可以从两方面着手：第一，针对提升信息化教学水平和能力的培训，设置阶段性或一次性考核；第二，针对教师的常规考核，将信息化教学能力作为教师评级或履职的考核标准之一。

除了借助考核机制作用，提升教师信息化教学能力之外，激励机制同样可以发挥重要作用。所谓激励机制，其本质是教师教学之间的良性竞争，通过这种“竞争”关系的确立，推动教师信息化教学发展。

3. 建立健全高校信息化教学管理体制

信息化教学的目的是让知识在人与人之间得到有效传播，传播途径主要依赖机器与设备的辅助。信息化教学管理制度是实现信息化管理的重要保障，可以有效提升人才、软硬件、信息资源的利用率，而建立健全的信息化管理制度已成为高校管理先要应对的挑战。

（1）硬件及软件的管理体制

信息化教学得以正常推广的有效手段之一，是拥有相配套的硬件及软件设施。健全完备的基础设施不仅是信息化教学的有效保障，更决定了信息化教学的发展水平。在进行软件及硬件配套设施采购时，要综合考量现有设备的种类和结构并理智分析，制订出科学合理的采购计划。同时，在软件及硬件管理体制上，要建立完善的后期维护、淘汰机制、日常管理机制等，尤其是在日常管理方面，既要符合教师使用需求，又要对其开展使用、维护、管理日志等培训。

（2）信息化教学资源管理体制

信息化教学资源指在信息技术环境下的各种数字化素材、课件，数字化教学材料、网络课程，以及各种认知、情感和交流工具，其主要来源或是由教师亲手制作，或是通过各种渠道购买、收集，或是通过加工他人的教学资源。信息化教学资源是信息化教学的基础，优化信息化教学资源结构，有利于推动教育信息化有效性的实现。

提升高校教师信息化教学资源管理能力，对于提升高校的核心竞争力是十分必要的。尤其是现阶段，在高校教师花费大量时间和精力用于获取新的信息技术，并将其运用于课件设计和教学模式调整的大背景下，高校组建一支信息化、高素质、专业化的人才队伍，用于开发和管理信息化教学资源显得更为重要。这是因为不同的教师在理解能力、开发能力、教学任务、学术科研等方面存在明显差异，不同专业的教师在信息化教学资源开发过程中的难易程度也受到专业限制，严重影响了信息化教学资源开发的可持续性。

（3）信息化教学人才管理体制

信息化教学管理的核心还是教育，其本质终究是教师的“教”与学生的“学”。因此，高校推动信息化教学的工作重点，在于信息化人才培养体系的建立与完善方面，主要从内、外两个角度进行尝试：对内要对教师专业的信息化技术掌握和运用程度进行定期考核；对外要引进大量信息化教育专业人才，并对不同实际情况的教师进行信息化教学分层培训，充分开发不同教师的信息化教学潜能，提升教师信息化教学管理的标准化、流程化。

4. 构建有针对性的信息化教学培训体系

为了增强培训效果，满足更多潜在需求，高校可借鉴营销学的市场细分理论，进一步完善培训体系。下面主要从培训对象、培训需求、培训层次三个方面探索培训体系的构建。

（1）培训对象

在教师培训过程中，信息化培训是一个重要环节，并且已经过一段时期的发展，具有一定的实践经验。教师群体本身由于教学学校、专业、职称、教龄的不同，所以具有很大的差异性。为了提高培训的针对性和有效性，建议将教师按类型和标准区分成不同的培训小组，展开具体培训。

第一，根据学科分类培训。由于信息化教学培训中，同一学科教师的需求具有同一性，因此，可以作为最主要的区分标准。

第二，根据职称分类培训。不同学科的教师之间，处于同一职称的教师也存在共性需求。因此，可以作为第二个分类标准，有利于跨专业交流学习。

第三，根据教龄分类培训。不同教龄的教师在教育心态、教育成熟度、教育关注度上具有相似性，因此，可以根据教龄整合培训需求，促进教师交流。

在不同的分类下，又可以进行交叉培训，形成有机开放的信息化培训教学体系。

（2）培训需求

针对教师的信息化培训，立足于实践，具有很强的现实关照性。这里是指培训立足于教师教学实际中遇到的问题。在实际教学过程中，信息化教学问题具有具体性和复杂性，不能一概而论，需要抽象把握。因此，需要在培训前对培训对象的实际需求进行科学收集、调查、整理和系统分析，根据需求整理并形成培训内容，分类培训，分层次、系统化地开展信息化培训。

（3）培训层次

就技术的操作程度而言，可以将信息化培训分为以下阶段：

第一阶段：对学校的信息化系统和设备有初步了解，对信息化教学有初步概念。

第二阶段：能够在初步了解的基础上，对常规信息化设备的基本功能进行操作。例如，在课堂上能够完成幻灯片的播放和展示。

第三阶段：对于信息化教学的相关设备和知识有较为系统的了解，能够完成基本操作，实现从传统教学内容到信息化教学的转化。

第四阶段：拥有关于信息化设备的系统性理论知识，在熟练操作的基础上掌握主动权，实现对信息化教学设备的二次开发和升级创新。

上述四个阶段基本包括目前我国教师在信息化教学过程中的不同水平以及相对应的需求，可以此为基础区分培训层次。

（三）深化高校课堂信息化教学管理改革

在开展教学过程中，课堂是最主要的活动场所，绝大部分的教学任务都是以课堂教学的形式完成。随着时代变革和信息技术发展，以及教育改革的召唤，对传统教学模式中存在的问题应该进行集中反思。目前，一个重要的问题是如何利用信息技术促进课堂教育改革，突破课堂教学的时空局限性，整合线上线下的教育资源，营造多元创新的现代化教学空间与环境。同时，在教育改革的顶层设计中，还可以纳入数字化资源，搭建网上教育资源的共享平台和远程教育网络等。

1. 优化整合数字化教育资源

信息化时代，在线教育资源的整合和利用程度是衡量学校的教育改革是否有效开展的一个重要标准。尤其是大数据时代，全球的教育资源都在数字化的趋势下发展和创新，市场上各种类型的数字化教育商品也逐步被开发和利用。在此基础上，学校教育不能滞后于社会发展，而是应该反过来对数字化教育资源起到引导和规范作用。

（1）在顶层设计中纳入对数字化教育资源的合理规划。我国现阶段的数字化教育资源呈现的主要趋势是以市场为导向，具有一定的盲目性和无序性。因此，教育部门和高校需要在对教育改革的顶层设计中形成对数字化教育资源自上而下的引导和规范。一方面，对社会市场中现有的数字化教育资源形成有效的监督和管理；另一方面，以高校为主要场所，为数字化教育资源营造良好的发展环境。

（2）对数字化教育资源进行合理化整合。面对现有的数字化教育资源的无政府盲目生长状态，高校应该对数字化教育资源实现合理化整合。先建立一个分类体系，如按照学科、年级、教材体系等，建立数字化教育资源分类系统，再依据相关标准和规范进行监督和管理。

（3）为数字化教育资源的发展营造广阔空间。教育资源的数字化，从长远发展看，利国利民，意义重大。数字化教育资源可以突破时间和空间的限制，实现教育资源的长久保存和快速传播、自我生长。因此，应该整合国家、社会和高校资源，为数字化教育资源的发展营造空间。一方面需要进行硬件和软件设备的建设工作，搭建高校的数字化网络平台；另一方面需要打破学科壁垒，实现数字化教育资源面向全社会的共享性，由此吸引更多的资源进入，实现数字化教育系统的自我生长。

（4）鼓励共享机制。通过建立常规化的激励机制，形成对共享行为的激励。一方面，对上传分享教育资源行为进行激励；另一方面，对利用在线教育资源开展教学工作的教师和学员进行激励。由此形成在线教育网络平台的资源流动，促进教育资源的整合和发展。

2. 建构深度融合的教学模式

学校的教育教学模式在大数据和信息技术高度发展的时代，呈现出从传统到现代的转型。在此基础上，教学模式需要对线下教育和线上教育进行整合，建构深度融合的模式，具体包括以下方面：

（1）课前备课阶段。传统的课前预习可以概括为教师备课—学生预习。在这个阶段，教师依据对学生的了解和个人经验进行备课。但是，在信息爆炸时代，传统的备课方式已不能满足高校课堂教学的需求，教师的备课方式需要另辟蹊径，而协同式网络备课应运而生。协同式网络备课指通过协同效应，将隐性的教学资源以整体和个体间有机协作的方式开发出来，从而使教学效果非线性延长。这种备课方式集众人智慧，采众家之长，充分显示了集体备课的效益，使教学富有创新性，产生良好效果。一般而言，教师利用协同式网络备课的内容包含六个方面：第一，准备课前预习资料，除了传统教学内容以外，还包括自制的远程教育课程内容；第二，通过信息平台将慕课内容共享；第三，通过远程平台监督学生的预习进度；第四，在线解答学生的疑惑；第五，根据课堂交流内容，改善教学方式与授课内容；第六，布置预习作业，让学生将个人成果上传到共享平台。

（2）课中教学阶段。在传统教学中，多是以教师为主体开展的灌输式学习活动，师生之间常缺乏沟通。在大数据时代，新型的教学活动应该以教师和学生的双主体模式开展，尤其要凸显学生的主动性学习行为。第一，在课堂上，学生以学习小组的形式，在开始上课前向教师集中反馈课前预习的学习成果和遇到的问题，教师可由此形成针对性教学。第二，教师在课堂上需要借助多媒体设备创造特定的情境，合理呈现教学内容。第三，借助信息化设备，形成对教师教学过程和学生学习过程的实时记录。一方面，学生可以在课后反复学习；另一方面，教师可以及时掌握教学过程中自己的表现和学生的反馈及动态，以便不断更新。第四，教师在完成课堂教学内容后，可以借助移动设备给学生提出新的学习任务，并引导学生进行探究式学习。第五，教师可以利用移动设备，让学生完成在线随堂测试，之后借助智能评价分析系统，及时、公正和客观地进行评价。第六，测评系统可以帮助教师形成对班级学生情况的整体分析和反馈，及时检测教学的有效性。

（3）课后辅导阶段。利用在线教育资源为学生提供课后辅导。一方面，通过对课堂教学内容的数字化保存，学生可以有针对性地重新学习；另一方面，对于作业中的疑难点，可以在线寻求各类资源帮助。除此之外，教师可以通过智能系统及时收集学生的课后作业，并通过智能化的评分和分析，整理下一阶段的教学任务和内容。

3. 重塑学生学习观念与方式

信息科学技术对教育方式的影响，不仅是作为教育工具发挥作用，也会对教育参与者，包括教师、学生和其他主体的观念及行为产生影响，甚至重塑，也将对教师的教学和学生的学习过程形成一系列重大挑战以及更高要求。对此，需要做到以下方面：

（1）加强批判性思维的学习和训练。信息化时代中，海量的信息会以无差别的方式呈现在学生面前。这些信息一方面是碎片化的；另一方面是未经筛选的，可能存在错误的价值观和未加思考的言论，或是无用的垃圾信息和消极负面的信息。对此，学生应该做的是培养逻辑思维和批判性思维，在接受一个信息或者观点、结论之前，首先对其进行批判性分析，包括证据的合理性和充分性、论证的有效性，以及信息传播可能造成的正面和负面效应等。

（2）提倡深度学习。在碎片化时代，受信息去中心化、娱乐化的影响，学生对信息的认识与理解往往只停留在表层。面对信息时代的海量信息，学生要加强深度学习的能力，用工匠精神引领自我，从而实现自我超越。工匠精神是踏实专注、认真做事的心理状态，这种状态能保证学习者将有效的时间和充沛的精力凝聚到所做的事情上来，并最大限度地发挥自身拥有的积极性、主动性以及创造性。作为网络时代的学习者，学生理应充分发挥工匠精神，学会独立思考，用深度学习需要的专注和坚持，去填补碎片化时代所带来的短板。

（3）化被动学习为主动学习。在多媒体时代，每一个主体都有发言权，都可以获得信息并利用媒介表达自己的观点。在教育改革中，这无疑为凸显学生的主体地位和激发其学习的主动性、能动性提供了平台和空间。

数据化时代，学校教育在传递学习知识的同时，具有更重要的任务，就是帮助学生在新的时代变革中形成足以立身发展的学习观，在漫长的人生中养成终身学的行为方式和思维方式，成为能够自我保持、自我成长的一代。

4. 提高教师队伍的信息素养

在科技发展的新时代，不仅学生将面临巨大挑战，教师也同样面临巨大的挑战，新时代的教育变革对教师的教学素养和能力、知识结构等提出了全新的挑战和要求，TPACK是这种新要求的核心概念。TPACK 指信息技术与教学方法、学科知识内容的有效整合，具体而言，需要做到以下方面：

（1）教师要提高思想境界和水平，尊重学生，关注学生的需求和成长，激发课堂教学活动的生命力。

（2）教师要主动学习和掌握现代信息技术，学会收集和整理教学资源，借助多媒体工具设备和在线教育资源提升个人的教学质量。

（3）教师要借助智能信息评价系统，形成对学生学习质量的反思，进而不断成长。

5. 构建和谐共生的师生关系

教师和学生的关系在大数据时代需要有新的调整与应对。事实上，现代的在线教育资源和媒体设备，一方面可以成为教师和学生之间的交流介质，扩展他们的交流时间和空间；另一方面，会使师生之间的关系被疏远，从直接的面对面沟通变成对信息设备的依赖。因此，在新时代背景下建立良好的师生关系具有空前的意义和重要性，尤其需要加强师生之间的沟通和交流。一方面需要重视学生的需求和观点表达；另一方面需要注重教师的需求和观点表达。在师生沟通中，教师应该因材施教，针对不同的学生采取不同的沟通方式和沟通内容，鼓励学生勇敢表达自己，培养学生的学习积极性和表达欲，在合作、探究、共享的原则下，建立新型的师生关系。综上所述，在新的信息科技时代，传统的师生关系应该积极应对机遇和挑战，从而形成和谐共生的发展趋势。

第三节　大数据时代高校教学管理信息化建设路径

随着科学技术的不断发展，高校教学管理面临的外部形势和自身任务发生了巨大变化，信息化建设已经成为高校教学管理的必然趋势。高校应抓住大数据时代带来的机遇，依托现代数据技术、信息技术手段，着力推动教学管理信息化建设与发展。

一、大数据时代高校教学管理信息化建设的重要性

大数据时代，推进高校教学管理信息化建设具有重要价值，其重要性主要体现在以下方面：

第一，高校教学管理信息化建设有助于进一步提升教学管理效率。高校教学管理工作内容十分复杂烦琐，且是一项重大的系统工程，不仅要处理高校日常事务，同时要满足师生的基本需求。“通过教学管理信息化建设，突破原本教学管理模式的诸多局限性，实现了网络技术的有效运用，教学管理工作者可以利用网络平台共享资源、整合资料、处理问题，切实增强了教学管理的时效性”①。

第二，高校教学管理信息化建设有助于规范教学工作。高校教学管理工作内容十分繁

① 吕浔倩．大数据时代高校教学管理信息化建设路径研究［J］．黑龙江教师发展学院学报，2022，41（2）：4.

杂，服务对象范畴相对较广，其中不仅包含高校师生，同时也涵盖软硬件设备、教学内外部环境。对比传统教学管理工作而言，通过推动信息化建设，能够进一步提升教学管理的科学性、规范性水平。同时，在教学管理信息化建设下，能够实现管理内容的内在联系划分，继而确立符合师生发展的教学计划，提高教学与人才培养质量。

第三，高校教学管理信息化建设有助于提升高校信息服务水平和质量。近年来，信息技术飞速发展，不断推动我国高等教育深化改革，各大高校运用信息技术开展教学，通过发挥网络资源共享等优势，实现教学改革和创新。通过推动高校教学管理信息化建设，进一步拓宽信息服务范畴，实现了教学管理工作的持续、稳定发展。

二、大数据时代高校教学管理信息化建设的路径

（一）提高教学管理信息化建设重视度

在大数据时代背景下，高校在推进教学管理信息化建设的过程中，应将自上而下作为指导思想，始终以互联网和大数据作为有力支撑，不断提高教学管理信息化建设水平，改善教学效果。

第一，高校在教学管理信息化建设过程中，应由相关部门主导和规划，构建完善的规章制度体系和建设模式，按照所制订的信息化建设规划，逐步推进各项工作的落实，加快信息化建设进程。同时，作为高校教学管理人员和教师，应对信息化建设予以高度重视，充分了解信息化教学管理的优势和重要性，推动高校教学管理工作的有序开展和全面发展。

第二，整合高校教学管理信息化模式，落实管理工作分流单元，在不断提高信息化建设水平的过程中，要保证信息化建设高度契合高校实际需求，同时核定事务管理功能模块和数据抽取转换模块，对以下内容进行分析：学生信息、教师信息、成绩信息、选课信息和课程评价。

第三，高校应设立数据挖掘功能模块，对与学生基本信息相关的数据展开深度挖掘，切实增强管理数据分析系统的应用价值，推动信息化管理工作的有序开展。

总而言之，高校必须正视大数据时代对高校教学管理工作带来的机遇和挑战，认识到信息化建设的重要性和必要性，不断加大人力、物力与财力的支持力度，引进先进的软硬件系统，真正实现高校教学管理与信息化发展的深度融合。

（二）提升教学管理系统软件建设水平

在大数据时代下，信息化技术呈现飞速发展趋势，技术应用与教学管理工作之间，体

现出相辅相成的作用。所以，我国许多软件公司均致力于各类系统软件的开发，形成了多种多样的系统软件，高校在推进信息化建设的过程中，系统软件是至关重要的组成部分。因此，应结合自身需求以及信息化建设方案，引进与高校教学管理信息化建设需求相契合的软件系统。在此基础上，高校应组建自身的软件系统研发团队，与第三方公司协调合作，共同进行系统软件的再次研发和升级，切实增强其与高校教学管理信息化的契合度，并且实现软件系统的深度开发和有效利用，为高校教学管理信息化建设提供有力的软件系统支持。除此之外，高校应加强技术团队引进和建设，主要负责完善教学管理信息化建设的软硬件设施配备，结合信息化建设目标，不断完善软硬件系统的保障机制，对后期系统软件进行维护和完善，在多元协同的背景下，共同推进教学管理信息化建设。

（三）优化教学管理系统安全运行环境

在大数据时代背景下，高校推动教学管理信息化建设的过程中，难以避免信息安全问题。所以，应加强各类系统的运行安全维护，创设安全的运行环境，保证信息系统的安全性和可靠性，保障教学管理工作的顺利开展。

第一，高校方面应加强技术层面的防护，可以通过引进防火墙技术、入侵检测技术等先进的技术体系，对攻击高校教学管理系统的行为进行及时的检测，发现问题后第一时间由技术团队制订补救方案，保证该系统的安全性能。通过各类技术的运用，能够对教学管理信息化系统的安全问题起到良好的提前预警作用，相关人员也可以做到有效防范，避免发生教学管理信息泄露等严重的安全隐患问题。

第二，高校应确立应急预案和处理机制，针对教学管理信息化系统运行过程中潜在以及可能出现的风险问题，进行及时预防，保证各类教学管理信息的安全储存。

第三，相关技术团队和人员需要定期对教学管理信息化系统进行检测和维护，对系统进行及时更新，保证该系统的运行和安全性，符合高校教学管理信息化的要求。若系统存在重大的安全漏洞，即可选择暂时停止运用，并对信息化系统展开重新研发，从根源上解决安全隐患问题，增强高校教学管理信息化的整体水平和效果。

（四）加强教学管理信息化队伍的建设

在高校教学管理信息化建设的进程中，教学管理工作者的综合素质水平以及专业能力，在一定程度上影响着信息化建设水平和质量。因此，为切实发挥信息化建设的诸多优势，必须首先解决教学管理队伍建设存在的问题，不断提高教学管理信息化建设水平，打造具有较高专业化水准的建设与管理团队，具体可以从以下两个方面着手：

第一，高校可以立足于自身教学管理信息化建设的实际需求，以及教学管理存在的问题，构建完善的人才引进机制，加强专业化、高质量管理人才引进，降低人才的流失率，使其能够在工作岗位上发挥自身内在潜能和价值。只有不断加强人才引进，才能进一步完善高校教学管理信息化工作发展框架内容，提高教学管理信息化水平。

第二，加强针对性培训，结合教学管理工作者的实际情况，定期在校园内部组织培训或专家讲座、座谈会等活动，保证高校教职工对信息化管理软件系统有充分了解，在高校内部营造良好的信息化管理氛围，切实增强广大教学管理工作者和教师运用大数据技术、信息化技术、计算机技术的能力，为高校教学管理工作信息化建设提供扎实的人力资源保障。另外，应结合教学管理信息化建设的实际需求，不断推进评价机制和考核机制建设，监督高校教学管理工作者和教师，在日常工作中充分发挥信息系统的功能和作用，并实时监督该系统的运行情况，提出相应的反馈建议，不断推进教学管理信息化系统的健全和完善。

（五）构建教学管理信息化建设评价系统

一方面，高校应建设大数据应用平台，充分利用互联网技术手段，不断拓展数字化的覆盖面，实现覆盖整个院校园区，同时实现在联网语境下与国际社会接轨和联动。在高校教学管理信息化建设的过程中，管理团队与高校领导部门可以对现行运用的管理系统展开定期的评估，评估的主要内容是系统运行的安全性、稳定性，同时利用所采集的信息内容，对广大学生的学习成果展开相对精准的数据分析，切实增强高校教学管理信息化系统的应用性。另一方面，推动数字化系统使用程序的不断改进和优化。通过运用大数据分析和处理系统，能够简化高校教学管理的工作流程，在应用系统的支持下，能够将有关教学的数据信息实时反馈，将所获取的数据信息对比历史数据，通过深度的分析和对比，准确评估高校教学成果，以及教学管理信息化建设水平，为高校制定相应的改革策略提供有效评估依据。

综上所述，大数据时代的到来掀起了教育改革，对高校教学管理工作也产生了深刻影响，教学管理信息化建设已然成为重要的发展方向。高校为顺应时代发展形势，不断提高教学管理信息化建设水平，必须采取有效的措施，通过提高信息化建设重视度、提高系统软件建设水平、优化系统安全运行环境、建设信息化建设管理队伍、构建信息化建设评价系统等，解决教学管理信息化建设存在的问题，促进高校教学管理工作取得实质性的突破和发展。

第四章
基于大数据时代的高校学生教育管理模式

第一节　高校学生的素质与德育教育管理模式

一、高校学生的素质教育管理模式

素质教育是指“依据社会的人才需求情况，在充分尊重学生的个性特征、知识接受特点以及知识需求心理的基础上，通过合理的教学内容、科学的教育手段和人性化的管理模式，来全面提高学生知识、心理、情感、观念方面的基本素质，由此成为有道德、有文化、有理想、有纪律的德智体美全面发展的综合型人才”①。素质教育的内容主要有思想品德教育、人文素质教育、心理素质教育、创新素质教育、人际交往素质、信息应用素质教育等。

（一）高校学生素质教育管理模式的构建原则

第一，坚持明确组织目标与任务原则。高校学生素质教育管理模式要想提高管理效率和管理质量，必须以明确、系统的组织形式出现在学校机构之中。在此情况下，设定明确的组织目标和任务成为建立该组织的首要任务。

第二，坚持主体责任制原则，即明确规定该组织的负责人以及各个分支机构的领导者，明确各自的职责和任务，从而提高组织工作效率。这同样是任何一个组织在构建过程中所不可忽视的重要原则之一。

第三，坚持系统性原则，即根据工作任务，建立系统的组织结构，在分别完成各自工作任务的同时，能够通过一系列的沟通、协调与搭配，从而形成一定的整合效果，大大提

① 赵璇．当代大学生素质教育管理模式研究［J］．河南农业，2015（12）：37.

高组织效率。

第四，坚持从群众中来到群众中去的原则，即使得组织成员呈现出多元化、基层化的特征。除了纳入学工部门人员、院系组织人员、教师群体外，还须将学生纳入高校学生素质教育管理活动中。这是解决当前高校学生素质教育管理存在的“自上而下”“人云亦云”或者是“不接地气”等诸多问题最有效的方法。

第五，坚持独立性与专业化的原则。构建的素质教育管理组织必须从相关的部门中独立出来，成为一个独立运行的组织。首先，拥有明确的组织任务和一套完整的组织结构；其次，必须形成系统的规章制度，包括组织的运行、管理以及相关的奖惩措施等，在避免受到其他组织干扰的同时，也能够增强高校学生素质教育管理的专业化运作水平，提高高校学生素质教育管理的质量和效率。

（二）高校学生素质教育管理模式的建构内容

1. 建构以某一副校长为主的核心管理层

高校学生素质教育管理机构为提高组织相关工作的实施效力，加强其在各个部门之间的指导与协调的力度，学校可委任一位副校长专门负责高校学生素质教育管理组织的日常工作，包括高校学生素质教育内容的研究、素质教育活动的规划与评估等。在该副校长的领导之下，还可设置一系列由就业指导中心、教务处、考核办、各个院系的相关领导、学生会组成的工作组，为副校长的日常工作建言献策。工作组在辅助副校长完成高校学生素质教育管理工作的同时，通过召开不定期的会议，为各个部门的领导提供一个以“高校学生素质教育”为主题的沟通平台，增强他们之间的沟通。

2. 建构系统、专业的教育管理职能部门

建构系统、专业的高校学生素质教育管理职能部门，也就是在以副校长为主的核心领导层之下，根据高校学生素质教育管理的目标和任务，建构起系统、专业的分支机构，包括素质教育理论研究机构、当代高校学生心理与个性特征研究机构、所在学校素质教育管理与规划机构、素质教育监督与评估机构等。以此为基础，形成一个系统的高校素质教育管理组织结构，专门进行相关的素质教育研究、规划、实施与评估活动。

（1）素质教育理论研究机构，其主要任务是深入研究国家素质教育的目标、内容与相关要求，解读政策背后的思想和内涵；对国家、社会发展现状有一个深入的了解，尤其是要及时洞察社会的人才需求情况等，为相关部门素质教育政策的制定与实施提供有价值的指导信息。

（2）当代高校学生心理与个性特征研究机构，其主要任务是研究当代大学心理与个性特征，明确其知识需求情况和存在的各方面的问题。当代高校学生是在一个社会大变革、大发展的环境中成长起来的，由此形成了独特的心理特征和性格特点。例如，乐于接受新鲜事物，学习效率高，理想主义色彩浓厚，注重个性需求，同时，也存在心理压力大、应对挫折能力弱等诸多问题。加强对高校学生心理与个性特征的研究活动，并将此作为高校学生素质教育活动规划与实施的参考材料非常重要。

（3）所在学校素质教育管理与规划机构，这是素质教育管理的核心部门，主要负责对整个学校各个机构素质教育活动的管理，包括素质教育目标的制定、素质教育活动的规划、素质教育活动的实施以及素质教育过程中的监督等诸多内容。下设机构有专业课程素质教育机构、选修课程素质教育机构、文体活动素质教育管理机构等。

专业课程素质教育机构主要依据国家对高校学生素质教育的相关要求以及当前社会的人才需求情况，从高校学生素质教育目标、素质教育内容的角度，来改革各个专业课的教学内容、教学任务、教学方法与教学模式等，包括增加实践性课程内容、增强学生的动手能力、加强教师与学生之间的互动等。学校教育机构由此朝着应用型、综合型的人才培养目标而努力，最终从专业课的角度达到素质教育的目标。

选修课程素质教育机构的功能极其多样：根据素质教育目标、教育内容以及所在学校学生的心理与个性特征，来安排科学、合理、系统的选修课程体系，包括心理教育课、文学知识课、文艺鉴赏课、社交礼仪课、国家政治课、影视编辑与鉴赏课等，以供学生选择；负责考核各门课程的教学内容与教学方法，尽量发挥在增强学生综合素质方面的功能，避免高校选修课流于形式的现象；负责监督各门课程的考试情况，包括考试的方法、考试的内容以及学生的成绩等。

文体活动素质教育活动主要包括两个层面的内容：一种是由政府部门、社会机构、高校组织发起的“自上而下”的一系列文化娱乐、体育运动、知识教育方面活动；另一种则是由学生以个人、社团或者是院系的名义发起的一系列活动，具有内容丰富、形式新颖、广受欢迎的特征。从某种程度上而言，这些不同形式的校内文体活动既是对专业课素质教育、选修课素质教育的一种补充；同时，二者之间也相互配合、相互促进，从而挖掘学生的兴趣爱好，拓展学生的知识面，增强其社交能力，培养积极健康的心理与性格，等等，在高校学生素质教育活动过程中发挥着重要作用。

（三）高校学生素质教育管理模式的注意事项

高校学生素质教育管理模式的构建与运行过程中，还应当注意以下方面的问题，以提高组织运行效率和运行质量，发挥其应有的人才培养价值：一是应厘清素质教育管理与正常教学管理之间的关系。二是素质教育管理要避免受社会就业因素的单向影响。三是素质教育管理应引入先进的评估技术，例如，问卷调查、情景实验等；素质教育管理应注重现代信息技术的应用；素质教育管理应构建系统的奖惩措施，由此加强对各项素质教育活动的监督，提高教学质量和文体活动质量，发挥其应有的人才培养价值。

高校学生素质教育管理模式，充分考虑到当前我国高校学生素质教育管理存在的问题，坚持明确组织目标与任务原则、主体责任制原则、系统性原则、独立性与专业化的原则和从群众中来到群众中去的原则，重构了一定的管理组织，强化了素质教育改革的理念，提高了素质教育改革的质量和效率。

二、高校学生的德育教育管理模式

（一）高校学生德育管理意义与内容

高校学生德育管理是现代高校管理的重要组成部分，既是高校管理活动的一项重要内容，也是高校管理活动的一种特殊形式。高校学生德育管理是一般管理原理在高校德育中的具体应用。高校德育由多种要素构成，直接受多方面因素的影响和制约。由于影响高校德育的因素多、涉及范围广，这就决定了高校德育要落到实处、取得时效，便需要有专门的组织机构，能够针对德育工作的复杂性、特殊性、专门性，制订可行的德育工作计划，协调好各方面的教育力量，以求达到德育目标。因此，所谓高校学生德育管理，就是高校管理者根据现代社会的德育目标，遵循德育发展和管理的一般规律，运用科学的管理方法，在一定的环境条件下，通过预测、决策、计划、组织、指导、协调、控制、评价，有效地组织、分配和利用校内外各种德育资源和相关要素，形成德育合力和整体优势，以提高德育效率，实现德育目标的过程。

1. 高校学生德育管理的意义

（1）全面提高德育实效。相对高校其他方面而言，高校学生德育管理更为复杂。德育管理旨在通过加强实体化管理，建立德育质量保障体系、完善德育工作控制系统和健全德育约束机制，运用科学合理的方法发挥德育的作用，以求切实明确高校各部门及相关人员的德育责任，提高德育实效。

（2）充分调动德育工作者的积极性。德育工作者是德育工作的实施者和主力军，是高校德育工作的保证。德育的科学管理，一方面要根据德育目标的要求，对德育工作者的行为实行必要的监督和限制；另一方面，要鼓励、支持和强化德育工作者那些符合社会需要、为社会所要求的愿望和追求，使之转化为从事工作的内在动力，使德育工作者的心理活动保持一种能动活跃状态，具有强烈的学习和工作的欲望和行为，表现出既有争取优良工作绩效的意志，又有研究改进工作的创新精神。

（3）发挥德育组织的作用。德育组织是德育管理的直接载体，为了实现一定的德育目标，人们按照某种方式结合而成的正式群体，称为德育组织，如高校的年级组、班级等。正是基于这些不同组织的存在，高校德育工作才能正常地开展。如何利用、管理好这些组织，使它们有效地服务于高校的德育工作，是高校学生德育管理需要思考和解决的问题。加强德育管理，就是要依据科学的德育管理体系，建立有特色的德育管理体制，从而理顺德育组织内外的各种关系，充分发挥德育组织的凝聚力，从而使得德育工作卓有成效。

（4）营造良好的教育氛围。校风是高校全体成员的作风，是高校成员在思想、学习、工作、生活上表现出来的相对稳定的态度和行为方式的总和，如学风、教风、高校领导作风等。从高校管理的角度来看，校风是一所高校的办学思想、管理意识、管理制度、管理价值等方面的外在表现；从高校伦理价值的角度来看，校风又是对高校的基本精神状态和道德风貌的总的概括。优良的校风一旦形成，会成为一种强大的感召力和约束力，能够对高校每个成员产生潜移默化的影响，在无形之中使高校组织凝聚在一起。校风建设是德育管理的重要内容，良好校风的形成，意味着高校良好教育氛围的形成。

（5）协调各方教育力量。高校德育是一项系统过程，其中涉及对诸种影响因素的综合考虑和各方教育力量的协调。加强德育管理，就是要通过组织、协调、指挥等职能，把校内外各种可调动的德育因素科学、合理地组织起来，并按照统一的目标和计划相互协调地发挥作用，以求取得整体的德育效果。就高校外部而言，意味着需要从高校实际出发，开发和利用各种德育资源，创设各种有利情境和机会，加强高校和社区之间的联系，促进教师和家长之间的沟通，由此整合高校、家庭、社会的教育力量和影响，发挥德育的整体效果；就高校的内部而言，意味着需要突破单一依靠德育组织或德育工作者的状况，调动高校内部各种教育资源和力量，最大限度地发挥校内各种力量的德育功能。

（6）促进高校的整体管理。德育管理是整个高校管理的重要组成部分。作为整体存在的高校环境中，德育工作的开展，需要同智育、体育、科研、后勤等各项工作紧密联系。并且，作为各育之首的德育，其管理对其他各育的管理具有先导、指引的作用。因此，加强德育管理，不仅意味着需要高校其他管理的支持和配合，也意味着可以直接影响和促进高校其他各项管理工作的全面改善，对高校管理的整体工作有极大的促进作用。

2. 高校学生德育管理的内容

（1）高校学生德育目标管理。根据高校外部环境和内部条件，制定出本校德育的总体目标、阶段（学年或学期）目标和层级（各部门、年级、班级）目标，并且要处理好总目标和子目标、整体目标和局部目标、长远目标和近期目标、组织目标和个人目标之间的关系，形成德育目标网络体系，对各级各类目标的完成情况进行相应的指导、督促和评价。因此，高校德育目标管理是高校德育工作成效的衡量尺度，对高校德育具有导向、激励、凝聚和评价的作用。

（2）高校学生德育计划管理。德育计划管理是德育管理的首要内容，是其他德育管理活动的重要基础和依据。高校根据德育目标和德育管理目标，制订周密的德育工作计划，明确各个阶段的德育工作内容、重点和要求；制订具体的德育活动计划，明确不同学习阶段德育活动的侧重点，并依据各个学习阶段的活动内容，从途径、方式、方法等方面提出要求或建议；通过检查、督促德育工作的执行情况，使德育计划落到实处。可见，德育计划管理是一项依据现实、预测未来、设立目标、计划决策，科学地配置现有德育资源的工作，使得高校德育工作获得最大成效的过程。

（3）高校学生德育组织管理。为了实施高校德育计划、实现德育目标，需要建立德育组织系统，加强德育组织的管理。德育组织管理关系到德育组织的建立和运行状态，进而在一定程度上决定着德育计划的成败。德育组织管理，首先要建立健全德育管理组织机构，形成一支德育工作队伍，将德育任务细致分配到全校各个部门、各个组织机构以及全体工作人员，并协调好各机构、部门之间的关系，凝聚高校内部教育力量；组织家庭、高校、社会等力量，互相配合、协作，保证德育影响的一致性；提高德育管理过程中各种资源（人力、物力、财力或时间、空间、信息等要素）的有效利用。

（4）高校学生德育制度管理。德育制度是德育各项工作开展的依据和保障。建立和健全各种德育管理制度，其中既包括全校师生员工、学生要遵守的规章、规定和规则，还包括高校德育机构设置、德育队伍建设、德育资源的开发和利用等方面的规章制度与管理条例，并要保证这些规章制度的有效实施，能够及时地进行调整、修改、补充、完善这些规章制度，做到有章可循，有据可依。

（5）高校学生德育环境管理。德育环境是指开展高校德育活动所具备的内外时空条件的总和，包括高校外部环境和高校内部环境。对高校的外部环境而言，包括一定时期下的经济、政治、文化背景和社会、家庭、传媒等资源，这时德育环境管理意味着在社会环境的大背景下，通过多种渠道，取得社会各方力量的联系与沟通，加强对德育工作的支持和配合；对高校的内部环境而言，包括高校师生关系、校园文化传统、高校和班级的空间布置等。高校学生德育管理就是要加强高校物质环境和精神环境的双重建设，其中文化建设尤其重要，加强教育环境建设，形成良好校风和高校传统，充分发挥环境对高校思想品德形成的潜在性、持久性的功能。但是，就一般意义而言，德育环境专指高校内部环境，即为促进学生品德形成和发展而有意识创设的环境。

（6）高校学生品行管理。品行管理属于高校学生德育管理的一项基本内容，由于它直接涉及德育工作的受教育者，所以能够直接体现高校学生德育管理的成效。学生品行管理涉及学生的日常行为活动，包括生活习惯、学习习惯、人际交往习惯等，如何帮助学生养成良好的品德习惯，是高校德育工作的主要内容，是德育管理工作的中心任务。

（二）高校学生德育管理的组织体系

高校进行德育管理需要一个健全的组织体系，否则，高校学生德育管理就无法进行全盘运筹，也无法将各方力量充分调动起来。所谓健全的高校德育组织体系，就是所建立起来的这种组织体系适合于完成德育目标，具有系统性、完整性、全方位性，能够将有关的德育工作者组织起来，并根据客观环境的变化而进行整体性运作。按照人们对高校管理过程的一般理解，可以把德育管理过程分为计划、组织、沟通、协调、督导（或评价）等功能性环节。依据高校管理过程的功能性环节，可以把德育组织运行看作由目标、计划、检查、总结等环节所构成的整体。

1. 高校学生德育管理目标的设置

德育管理是为实现高校德育总目标服务的，在不同学习阶段，有着不同的德育目标，在不同地区、不同高校，也有着不尽相同的校本德育目标。如何把德育目标分解为具体化的、可操作性强的目标，充分调动高校的人力、物力、财力资源，协调好各方教育力量、各种教育影响因素之间的关系，更涉及德育组织目标的制定问题。良好的德育组织目标，指明了高校德育工作的具体方向，明确了不同阶段高校德育工作的重心，有利于增强德育工作的针对性和目的性，有利于对高校内部各种组织或机构、各种人员提出明确而统一的工作要求，有利于调动德育工作者和广大教师参与德育工作的主动性、积极性，从而使高校德育工作落到实处、取得时效。

德育组织目标的设置，要以德育目标为指引，充分考虑高校学生思想品德发展的特点和水平，充分考虑本地、本校的实际情况，要对高校学生德育管理工作具有明确的指向性和指导意义。在目标设置过程中，既要遵循学生思想品德形成和发展的规律，从学生的思想品德的实际出发，又要关注德育所面临的新形势、新任务，从而满足个体发展和社会发展的需要；既要体现现实性、连续性，又要体现前瞻性、超前性，以求较好地发挥德育管理目标的指导作用和指向功能；既要体现德育的统一要求，又要反映本地、本校的实际状况，使德育组织目标具有针对性、实操性；既要体现校长的办学理念，又要切合高校德育工作的基础和条件，从而有利于教师和学生全员参与、全程参与。

2. 高校学生德育工作计划的制订

德育组织目标要想发挥实效、付诸实践，就要有一个周密的计划和安排，以保证德育管理目标能够有步骤、分阶段地得到落实。周密的德育工作计划可以使德育管理者与被管理者有的放矢地开展工作，有利于协调高校各方的工作步调，是使德育目标和内容得以层次化、序列化的重要保证。制订高校学生德育工作计划的基本要求如下：

（1）以德育组织目标为指引，实事求是，切实可行。在计划制订过程中，依据高校在一定时期或发展阶段的德育管理目标，针对学生的思想品德的现状和发展水平，从高校人力、物力、财力等实际情况出发，有步骤、分阶段地安排德育工作。

（2）合理分工，优化德育资源配置。根据高校有关机构或部门的性质和特点，对德育工作任务进行合理分工，并从有利于达成德育目标和德育组织目标的角度，设法优化现有的德育资源配置，并通过多种渠道、多种方式，不断开发新的德育资源。

（3）提升工作计划的针对性、有效性。要充分发挥教职工的积极性、主动性，让他们参与德育工作计划的制订并明确各项工作的具体要求，促进他们把高校德育工作计划转化为不同岗位的具体工作任务和要求。

当然，德育工作计划的制订要服务于德育目标，服务于学生的成长，在实际操作中，要努力避免流于形式、德育组织目标高于甚至掩盖德育目标、学生的成长屈从于管理者或教育者的个人目标等不良现象的发生。

3. 高校学生德育工作检查的开展

检查就是对高校学生德育工作进行考查、督促、约束，是德育工作计划执行情况的信息反馈。德育计划制订得再好，如果只有布置，不进行检查仍达不到预期的效果。检查是德育组织管理的必要环节之一。开展高校学生德育工作检查的基本要求是：第一，检查工作要有正确的指导思想；第二，检查工作要以上级的各项规定、高校德育工作计划规定的德育目标为依据；第三，检查工作要走群众路线；第四，领导干部对自己的工作也要进行检查。

4. 高校学生德育工作的管理总结

总结是高校学生德育管理过程的终结环节，德育管理总结的基本任务是：对整个德育管理过程进行回顾，做出评价，找出成绩，发现问题，概括经验，为确定下一阶段的德育管理目标、制订新的德育管理工作计划及实施方案奠定基础，从而使德育管理过程有效地进入下一个管理周期，促进德育管理过程的螺旋式上升，由此不断提高高校学生德育管理工作的效果和水平。

在德育管理过程中，进行德育管理工作总结要注意：第一，把总结和目标、计划、检查几个环节看作是一个完整过程，总结要从德育组织目标出发，依据德育工作计划、基于对德育管理工作的检查结果来进行；第二，总结工作要实事求是，不夸大，不缩小；第三，提高认识，注重分析，要提高全体人员对总结这一环节的认识，运用多种形式，如全面性总结、专题性总结等，引导大家相互交流、相互启发，归纳出有益经验，分析存在的问题及其原因；第四，表彰先进，激励各方力量不断改进德育管理工作。在可能的情况下，要针对总结中发现的问题，提出下一阶段进行改进的意见或建议。

（三）高校学生德育管理规范分析

规范是调控人们行为的、由某种精神力量或物质力量来支持的、具有不同程度普适性的指示或者指示系统。管理规范即某一组织（或组织体系）根据自身需要而提出的、用以调节管理对象（人或机构）行为的标准、准则或规则，它通常以文字的形式规定管理活动的内容、程序和方法，包括管理条例、章程、制度、标准、办法、守则等。

1. 高校学生德育管理规范的作用

高校学生德育管理规范是高校管理的基础工作，对保证高校正常运转、提高德育管理水平具有极其重要的作用。

（1）高校学生德育管理规范对提高我国高校管理效率有重大的意义。作为庞大而又复杂的高校组织体系，要想有效运转，就需要一定的规范来统一高校内各成员的个体行为。管理规范以统一而全面的方式指导教育体系的运行，使教育系统内各部分发挥了自身最大的效益，同时，合力产生促进我国教育发展的整体效益。

（2）高校学生德育管理规范是加强和有效改善高校德育工作的基本依据。高校管理规范体系中的德育管理规范直接指导高校的德育工作，使各级各部门的德育工作能够有效开展，同时，德育管理规范自身的评价功能让德育在评价与反馈的过程中有效进行。

（3）高校学生德育管理规范是实现高效德育目标的重要保障。高校管理规范引导整个教育体系和高校主体的运行，各机构、岗位成员按管理规范行事，使得各部分的力量互不冲突，相互配合，这也为实现高效德育提供了重要的环境保障。

（4）高校学生德育管理规范是提高学生自主管理能力、引导班级自治的重要手段。高校管理规范以直观的条文规定了教育系统内各成员（机构）的职责，同时，对学生的自主行为也进行了规范。学生参照这些标准能够规范自己的行为，也能制定班级范围内的守则，对班级进行管理和自主自治。我国各级高校管理规范的针对性也为学生自主、班级自治的实现提供了可能。

2. 高校学生德育管理规范的特征

（1）科学性和系统性特征。管理规范总是不同程度地反映着社会生活的某种因果必然性，而不是任意制定的，它是对与人的行为相关的客观规律和客观必然的把握。管理规范作为行为的指示，具有操作的可能性和达成预期的可能性。管理规范要维持效力除了本身的科学性外，还需要系统性对之加以保障。这不仅要求管理规范要有全面的内容和体系，还需要管理规范得以搭载的统一的观念体系，使其所指定的目标和行为准则不是孤立地存于制度规范之外。总之，管理规范要成为人们的行为准则，它本身就应当准确、健全、统一，不能模棱两可，更不能相互矛盾。

（2）规范性和强制性特征。管理规范以简单明了的具体规章告诉人们应当做的内容，以及应当如何去做。高校管理规范就是用规范化的要求来指导高校的运行，并以之来指导和纠正高校内各成员的行为，使他们的行为符合高校组织体系运行的要求，同时，管理规范对所有对象都有严格的约束力。

（3）公开性和权威性特征。与管理规范的指导作用相适，管理规范要具有公开性，以简明扼要、通俗易懂的形式呈现，方便管理对象了解、掌握，从而发挥管理规范的作用，使之获得有效执行；同时，管理规范由具有权威性的特定机构制定，因而具有权威性，这也是强制性得以保障的需要。

（4）相对稳定性和发展性特征。管理规范一经批准，便公开实行。它在一定的时期内就要保持稳定，不能朝令夕改，使人无所适从。然而，随着社会的发展和人的诉求的变更，任何组织（或组织体系）都不是固定不变的，自有其发生发展的历史。当组织（或组织体系）的目标发生变更时，所规定的各种规范也要随之变化，及时反映本组织（或组织体系）的利益与目标。

（四）高校学生德育教育管理的创新

德育教育是高校教育教学体系的重要组成部分，是高校学生综合素养形成的前提。随着社会的快速发展，高校学生德育教育管理面临着新的挑战，在此情况下，创新传统德育教育管理内容与形式成为现阶段高校德育教育管理工作的关键。高校学生德育教育管理的创新，需要注意以下方面：

第一，高校学生德育教育管理内容与形式的创新。高校传统德育教育以教学大纲为依据，相关教学内容多来自教材，导致高校学生对德育教育失去兴趣。因此，高校学生德育教育管理应围绕教学大纲丰富教育资源，使之具有时代性、代表性，并坚持以学生为主体的德育教育方式，利用互联网、微课等平台进行德育教育管理，可有效利用高校学生的碎片时间。同时，加强与学生之间的沟通交流，善于发现问题，使高校德育教育管理更加具有针对性。

第二，深化高校学生德育教育管理理念的认同感，通过广泛的社会实践强化德育教育管理效果。高校德育教育应当深化多层次的德育教育理念认同感，通过案例分析、情景教学等方式使高校学生意识到德育教育是其参与社会活动的前提和保障。同时，基于强烈的认同感，高校德育教育还需要通过广泛的社会实践强化德育教育效果，这也是高校德育教育创新的具体表现，只有通过社会实践，才能检验高校德育教育的具体效果，发现高校学生在德育教育中存在的问题，为高校德育教育工作的开展指明方向。

目前，“以人为本”的教育理念已经达成共识，德育内容和体系也在逐渐完善，德育方法不断创新，德育载体不断丰富，德育评价更趋科学合理，德育机制不断健全，大德育的框架已逐渐形成，高校德育教育管理将进入一个新的阶段。

第二节　高校学生的学习与生活教育管理模式

高校学生是高校培养教育的对象，加强对高校学生的管理是高校的根本任务，也是培养高校学生成才、提高教学质量和实现办学目标的重要手段。高校学生管理是高校对学生工作的综合管理。在高校整个教育过程和管理系统中，学生既是受教育者，又是学习的主体；既是学校工作的主要服务对象，也是参与学校管理的活跃力量。学生在高校中的这种特殊地位，决定了高校学生管理的特殊性和复杂性。高校学生管理的实质是，运用教育管理科学的知识和手段，指导与管理学生直接有关的各个部门的工作；综合协调各个部门的学生工作，形成和谐的学校学生管理系统，并对系统实施控制、分析、评价、调整，以高效地实现高校的教育目标。这也是高校学生管理的根本目的和指导思想。

学生的全面发展和健康成长，离不开德智体等各方面的教育。高校的各个部门都担负着一定的对学生进行教育、服务和管理的职责。所以，高校学生工作的科学管理水平，反映了整个学校的管理和教育水平，体现了整个学校的管理和教育工作的效果。高校的中心工作是为培养学生成才服务，学生管理的核心是要为学生成才提供良好的环境和条件。高校在对学生的管理过程中，要针对高校学生的特点，健全制度，制定规章，严格管理，积极疏导，依靠学生自我管理，系统教育，充分发挥学生的主体作用，促进学生德智体全面发展。

一、高校学生的学习教育管理模式

（一）高校学生的学习教育管理原则

对学生学习实行科学的教育管理，必须依据高校教学过程的规律、高校学生身心发展的特点，依据社会发展对专门人才的客观要求，制定管理原则和管理方法。高校学生在思想上有较强的独立性，倾向于独立观察、分析和思考，自我实现和创造的欲望比较强烈，社会阅历不深，思想单纯，渴望参加社会实践活动等。现代科学技术高度分化和综合，知识更新速度加快。所有这些，要求高校必须重视对高校学生专业知识的拓宽和能力的培养，改革教学内容和方法，改革旧的学习管理制度，遵循一定的管理原则。

1. 严格管理与灵活自主结合的原则

根据高校学生思维发展相对成熟等特点，应该扩大高校学生在学习上的自由度，在学习上给学生更多的自主性和选择性。对学生的管理要活，活而有序。学习管理的改革要破除“课堂中心、书本中心、教师中心”的框框，创造条件，使学生通过多种渠道、多位教师和多种学科来学习。本着让学生“学精、学好、学活”的原则改革教学管理，给学生以充分的自学时间和学习的自主权，提高学习质量。

2. 民主管理与因材施教结合的原则

高校学生学习管理应当坚持面向全体、关注优秀学生、帮助后进生、淘汰劣生的原则。要因材施教，照顾学生特点，努力发现拔尖人才。对有发展前途的与特殊才能的学生，应从学习管理规定上给他们较为宽松灵活的选择专业、选择教师的权限，允许提前毕业、免试推荐研究生；对由于主客观原因而学习有困难的学生允许延长学习年限。严格把好质量关，对不适应继续学习的学生应当实行淘汰制，通过合理的优胜劣汰，促进人才的快速成长及其质量的提高。

3. 学习管理与思想教育结合的原则

学生的学习与学风有很大的关系，学生管理工作必须注重抓学风建设，要培养高校学生养成勤奋、严谨、求实、创新的良好学风，需要通过对学生学习的科学管理，提供正常的教学秩序、安定团结的学习生活，实施优质的教育教学活动，严格要求，加强质量考核和必要的纪律约束，端正学习动机，不断激发学生的学习兴趣，提高学生学习的积极性、主动性和创造性。

形成高校学生良好的学习风气，不仅是学生学习管理的问题，它还涉及整个学校的工作，需要学校领导干部好的学风的积极影响，需要学校全体教师为人师表的良好教风的带动，需要对学生加强有理想、有道德、有文化、有纪律的教育，增强对高校学生学习管理的效果。

（二）高校学生的学习过程教育管理

高校学生的学习过程包括预习、听课、讨论、复习等相互联结和依次过渡的环节。高校学生的学习过程是高校教学过程的一个重要方面，要提高教学效果，必须加强对每个学习环节的有效管理及控制。高校学生的学习过程教育管理包括以下方面：

1. 学生的预习管理

预习是学生根据教师指定的学习范围，在课前通过自学教材和参考书籍为听课做好准备，打好基础的环节。预习是学习的第一步，凡是学习新课程一般都应该先预习再听课。做好课前预习，可以引导学生的自主思维，提高学生学习的主动性和目的性，培养学生独立思考、分析问题的能力和自学能力，加深对教学内容的理解和记忆，提高学习效率和教学效果。

加强对学生预习活动的指导和控制，是做好预习的重要条件。首先，指导学生善于预习，学会科学的读书方法。预习是为有目的、有重点地听课做准备，所以，应该指导学生在预习中了解教材全貌，粗略知晓将要学习的大概内容。为了提高预习的效率，可以采取“扫描式”和“跳跃式”的阅读方法，抓住教材的筋骨脉络，以发现疑难问题为主，鼓励发散性思维和多提问题。其次，激发学生的预习兴趣。引导学生体会预习的乐趣和效果，发现问题，激励学生通过自己的课前钻研，主动地探求知识。教师教学要考虑到学生预习的作用，在学生充分预习的基础上，教师讲授时要着重讲清学生理解不透的重点、难点和分析问题的要点。凡是学生通过预习已经领悟的问题，一般可以不讲。最后，教育学生坚持预习，养成习惯。预习能起到事半功倍的作用，只要持之以恒，形成习惯，讲求方法，防止流于形式，对学生专业知识的学习和能力的提高会产生很大的促进作用。

2. 学生的听课管理

课堂听课是学生获得知识最主要的途径，是学生学习最主要的形式。在教学过程中，学生是学习的主体，一切教学措施最终都必须通过学生的学习活动体现其成效。任何人都无法以任何方式代替学生的学习认识活动。基于这个认识，学生听好课堂讲授，是关系到学业成绩优劣的中心环节。

对听课过程实施有效的控制，提高听课效果，首先，要求学生必须“四要”，即眼要看，耳要听，手要写，心要想，“眼、耳、手、脑”并用；教师应尽可能地采用多种教学手段，发挥多种传播媒介的综合效应使学生对学习材料丰富、生动具体的感知达到深刻、全面认识事物的目的。其次，要恰当地处理好听课与做课堂笔记的辩证关系。课堂笔记本身能起到备忘、补遗、指示重点、帮助复习的作用。学生在听课时做好课堂笔记，可以加深对知识的理解，提高听课的效果。听好课是做好笔记的基础和前提。要使学生避免只顾低头记笔记而忽视听和看的弊端，应该指导学生做笔记学会抓“重、难、详、略”，对重点、难点和没有听懂的问题，做详细记录，以便课后进一步学习和钻研。最后，保持良好的课堂纪律、充沛的精力。学生课前不应做激烈运动，要提前做好课堂准备，保持安静、严肃的课堂气氛；课堂上要保持灵敏的思维、高昂的情绪，思维活动要和教师讲授同步进行，注意张弛相济，提高思维效能。

3. 学生的复习管理

复习是重新识记学习、记忆过的材料，使之巩固并达到记住的目的的过程。其生理机制是，通过对暂时神经联系的不断强化，使它的痕迹得到进一步的巩固和保持。从认识论的角度而言，人对客观事物的正确认识，往往需要经过多次反复才能逐渐完成。人们所学的知识和技能，只有通过不断复习才能得到巩固和熟练。

对学生的复习进行有效的控制和指导，首先，必须使学生恰当地掌握复习时机，做到及时复习。根据记忆遗忘规律，记忆的持久度与两次复习之间的间隔长短有关，一般是先快后慢。因此，应该加强学生的及时复习。当天的功课，要争取当天复习，如果相隔时间久了再去复习，将事倍功半。其次，要做到经常复习。根据学生学习的需要、知识的难易度及掌握程度，可以采取“分散复习”“集中复习”“整体复习”和“部分复习”等多种形式，指导学生经常复习教学内容等知识。最后，教师通过课堂讲授，引导学生温故知新。老师在讲新课时要有目的、有针对性地复习旧的知识和概念，指导学生以旧有知识为中介，运用已经学过的知识去思考和理解新的概念及知识，同时进一步复习和巩固旧有知识。

4. 学生的讨论管理

讨论是教学过程中学生在老师的指导下围绕某一中心问题，交流思想、互相启发、认识和解决问题的一种方法。通过讨论，可以发挥集体的智慧，开阔思路，互相学习，取长补短；锻炼学生的思维能力和表达能力，活跃思想，激发学生的学习兴趣和动力；促进学生对所学知识的巩固、消化、理解、提取及其运用；培养学生勤于思考、虚心好学的风气和习惯，帮助学生树立坚持真理、修正错误的精神、意识。讨论是高校学生深入掌握专业知识的重要环节。

为了使讨论深入生动活泼、富有成效，防止流于形式，必须加强对讨论的控制和指导：首先，在讨论前，应明确讨论题目和方法，指导学生编好发言提纲，有针对性地搜集资料和调查研究，为讨论做好充分准备。其次，讨论中要确定中心发言人，围绕中心议题开展讨论，鼓励学习较差和不善辞令的学生多发言。最后，引导学生联系实际，持之有据，言之成理，以理服人。既要有争有论，明辨是非，又要虚心好学，听取他人的意见。要求学生对讨论做总结和归纳，简要概括讨论的中心内容和主要观点、焦点以及有待继续探讨的问题。

5. 毕业论文（设计）与社会实践管理

高校学生毕业论文（设计）是在教师指导下的学习过程和活动，其目的是检验、提高高校学生发现、分析、解决理论问题的综合能力，巩固学习成果。毕业论文（设计）的撰写是一项复杂的脑力劳动，对学生的知识储备和能力要求较高。因此，除了保证足够的时间以外，还必须指定教师做专门指导，包括选题、研究方法、论文资料的收集以及研究内容的指导等。老师对高校学生毕业论文的指导，应该着重其研究方法和初步研究能力的培养，充分发挥学生的主观能动性和创造性，使毕业论文（设计）成为高校学生学习和工作的一个新起点。

社会实践活动既是高校学生思想政治教育的一个有效手段，同时也是高校学生学习活动的一个重要环节和方法。从学习方面来讲，对高校学生社会实践活动的管理主要着重于组织和引导学生运用所学专业知识解决社会实践问题，为广大人民群众解决生产和生活问题。社会实践活动主要是由学生参与组织的一种自我教育，由于受时间的限制，多安排在节假日进行，并本着自主自愿的原则由学生选择参加。对此类活动，管理部门的主要任务是加强指导，大力支持，保持社会实践活动与课堂学习等其他教育活动的协调进行。

（三）高校学生奖学金教育管理分析

奖学金是为了表彰在德、智、体等方面尤其是专业教育中成绩和才能优异的学生而实施的一种经济上、物质上的奖励，奖学金是我国高校学生资助体系（包括“奖、贷、助、补、减”）中的重要组成部分，在一定程度上体现了学生学习中按劳分配、多劳多得、优绩优酬的分配原则。

我国在20世纪80年代末开始对高校在校生实行奖学金制度，其目的是通过对成绩优异的学生一定的物质、经济上的奖励，激发和促进高校广高校学生刻苦学习、勤奋钻研，早日成为国家栋梁之材。凡是遵守《高等学校学生守则》或有关奖学金条例、学习成绩优异者，都可以申请、获得相应的奖学金。

高校奖学金设立、评定和发放的原则是，坚持奖励先进、为教学服务、促进学生成才的宗旨，成绩（能力）、效率优先，兼顾公平，保持适度的奖学金和奖学金金额标准，分级分类多层设奖。高校应当根据国家教育部门的有关规定，结合本校情况制定奖学金的评发标准和等级。既使广大学生通过努力学习，取得优异成绩，可以得到相应的物质奖励，同时又能避免平均主义，并在同等条件下向家庭贫困的学生倾斜，真正发挥奖学金的激励、强化功能，充分调动学生学习的积极性。

高校奖学金按照奖学的内容，可以分为单项（单科）奖学金、综合（专业）奖学金、优秀学生奖学金和三好学生奖学金等。这些奖学金对高校学生的学科成绩、专业成就以及能力、道德品质等方面都要有相应的要求，在评定时要严格区分有关标准，有的放矢，有所侧重。高校奖学金按奖学金经费的来源可以分为国家奖学金（包括中央和地方各级政府设立）、社会奖学金（企业、社会团体、民间个人、海外华侨等设立）、高校奖学金（高校用办学积累而设立的奖学金）等几种类型。这些类型的奖学金在奖学范围、学生专业类别与地区等方面有明确的要求。国家设立的奖学金影响最大，奖学范围也最广，因而是我国目前高校中最主要的奖学金形式。

实行奖学金制度，对奖学金实行科学、有效管理，有利于培养高校学生的竞争意识和观念，形成良好的学习氛围；使学生树立起强烈的进取观念，热爱专业知识，努力学习，刻苦钻研，勇于探索，开拓创新；培养学生的求实精神和自主能力，克服学生对国家和家庭的依赖性，以自己的聪明才智和勤奋努力的成绩获得社会的回报；不断促进高校专门人才素质的提高，适应现代社会对高校人才培养的要求。

必须严格奖学金评定制度和标准，对于那些思想政治上追求进步，道德品质高尚，乐于助人，热心为同学服务，在学校的某些社会活动中成绩突出，同时能较好地完成学业的学生，可另设单项奖，如优秀学生奖等，以资鼓励，充分发挥广大学生的各种特殊才能与学习潜力。

奖学金制度作为我国高校学生资助体系的一个重要组成部分，需要与其他高校学生资助制度如贷学金制度、助学金制度等相互配合，共同发挥作用。这些资助制度各有其优点和不足，但其目的都是促进学生专心学习，刻苦钻研科学知识。可以从不同角度，以不同形式与奖学金制度一道形成合力，共同调动高校学生学习的积极性和主动性。对于一个勤奋好学、成绩优异的班级群体，因名额和资金有限，大部分学生难以获得奖学金，为不至于影响学生的学习积极性，可以辅之以助学金制度、勤工助学形式，解决他们学习中的后顾之忧，从而进一步激励他们发奋学习，争取早日拿到奖学金，不断提高奖学金对高校学生学习的激励保障作用。

二、高校学生的生活教育管理模式

高校学生的生活教育管理，主要是对学生的学习、课堂之外的物质与精神生活的管理，包括学生的宿舍与食堂管理、学生课外活动的管理等。

（一）高校学生的生活教育管理原则

高校学生的生活教育管理是高校学生教育管理工作的重要组成部分，是高校的一项基础性工作。高校学生是一个特殊的知识群体，每天都离不开衣食住行、文体娱乐，对物质生活和精神生活有其独特的需求。对这些需求必须予以高度重视。

高校学生生活教育管理与学生的培养目标密切相关，是培养学生全面成才的重要途径、手段和保证，是学生思想政治工作的重要补充。通过对学生生活的有效管理，有利于培养学生的独立自主精神和良好的生活习惯，增强学生自我管理的意识和能力；有利于形成优良校风和民主管理民主办学的工作作风；有利于激发高校学生的主人翁精神，保证高校人才培养工作的顺利进行。

实现高校学生生活的有效管理，关键之处在于从思想上高度重视学生生活，把学生生活内容的丰富和质量的提高纳入高校的总体发展规划之中，综合平衡，统筹兼顾。在具体的实际工作中，高校学生生活教育管理需要遵循以下基本原则：

1. 服务性管理的原则

高校学生生活教育管理要以学生为本，从学生群体的需要出发，为学生成才服务，为学生提供丰富多彩的、高质量物质生活和精神文化生活，把为学生创造良好的学习生活环境作为学生生活教育管理的出发点和归宿。为此，要确立正确的思想观念，管理即服务，管理即指导，而不是偏重采取控制这一消极的管理手段。

2. 学生自治性的原则

高校学生生活教育管理工作，要尊重学生的独立人格，发挥学生中学生会等组织的作用，由学生参与学生群体生活管理，使学生真正成为学生群体生活管理的主人。发挥学生自治能量，是做好学生生活管理的重要支柱。在贯彻这条原则时，应该做到充分相信学生、依靠学生，保证和给予学生合理的、合法的参与学校管理的权利，真正保护好学生的切身利益，放手发动学生，为做好学生生活献计献策。

（二）高校学生宿舍与食堂教育管理

学生宿舍是学生休息、生活的场所，也是学习的场所。学生在宿舍里相互交谈，信息量大，内容丰富，相互影响。因此，学生宿舍的管理对学生身心发展、思想情操的陶冶、学业的进步等起着十分重要的作用，应予以足够的重视。

高校要设置专门机构如宿舍管理科（室）、学生公寓管理中心，安排专人统一管理全校学生宿舍的设施、物品、安全保卫、清扫卫生和环境美化等，领导和监督宿舍管理员（传达员）及清扫员的工作。随着高校后勤工作的社会化，对高校学生宿舍的管理可采取物业管理和勤工俭学相结合、专职人员和学生相结合共同管理。组织学生参与学生宿舍、学生公寓的管理，既锻炼了学生的自我管理能力和劳动意识，又为部分学生尤其是贫困生解决了学习的后顾之忧，促进学生学习质量的提高。

学生宿舍管理的中心内容是卫生和纪律秩序，具体包括宿舍的卫生整洁情况、遵守校纪情况、团结友爱情况、学习风气情况等。这些既是高校“文明学生宿舍”的重要衡量标准，也是学生宿舍管理工作持续的根本目标。

学生食堂是学生集中进餐用膳的场所，对学生食堂的管理是高校学生生活管理的首要内容。组织学生参与伙食的民主管理，是办好学生食堂的重要措施和有效手段。设立学生伙食管理委员会并吸收学生参与其中，是对学生伙食实行民主管理的有效形式和途径。没有学生的参与，学生食堂管理的效益、饮食的质量、服务的水平都难以达到为学生服务的最佳状态。

（三）高校学生的课外活动教育管理

1. 学生课外活动教育管理的作用

学生课外活动主要是正常课堂教学以外的其他活动，包括第二课堂、文体娱乐、社会实践、勤工助学等个体与群体活动。学生课外活动是学生生活的重要组成部分，它融增长知识、培养能力和文娱特长、锻炼身体、思想建设等为一体，是培养德智体全面发展的人才所不可缺少的重要环节。

组织好学生的课外活动，可以起到的作用包括：一是可以更好地发挥学生的主体作用，培养学生的自主性和自学能力；同时根据学生个性特点和个性差异，充分地做到因材施教，使更多有才能和特长的学生脱颖而出，茁壮成长。二是可以拓宽、扩展、改善学生的知识结构，使学生通过多种活动形式获取最新信息和科技成就。三是可以在活动的组织过程中锻炼学生的组织才能和实际操作能力。四是可以陶冶学生的情操，提高学生的审美情趣，通过一些劳动增强学生的劳动观念、群体意识和集体主义观念，通过与社会的接触，增强学生的社会责任感，不断提高学生的道德水准。

2. 学生课外活动教育管理的内容

（1）学生课外活动的行政管理。高校学生课外活动行政管理的主要任务是为学生课外活动提供优质服务，进行业务指导和宏观调控、关系协调。具体说来，就是开辟活动场所，如文化活动中心、体育运动场馆等，提供勤工助学岗位，这些是学生开展课外活动的基础条件；加强课外活动中对学生成才的指导，引导学生开展丰富健康、有益身心的群体活动；对课外活动的时间、场所、内容、经费等严格把关，宏观调控；协调学校各部门在学生课外活动中的关系，把学生课外活动纳入学校工作计划之中，使学生课外活动落到实处。

（2）学生群团、社团组织的自我管理。学生群团、社团组织的自我管理是学生课外活动管理的重要内容。发挥学生群团、社团组织的自我管理功用，是做好学生群体活动的基础。学生群团组织是共青团系统、学生会系统。社团组织有以结合专业学习为主的或以扩大知识面、满足个人兴趣爱好并培养特长为主的各种协会、学社，如学生发明协会、学生文学社、学生旅游学会、学生模拟法庭等。随着社会对专门人才的要求越来越高，参加各种形式的群团、社团组织日益成为高校学生课外活动的重要内容。

实现高校学生群团、社团组织的自我管理，必须做到：首先，加强校园文化建设，将课堂内外的活动有机结合起来，将教书育人、服务育人、管理育人统一起来，使学生群体组织持久、持续的长远规划。尤其是课外活动的时间要充分考虑教学的特点，尽量避开学生学习的紧张时期，开展学生喜闻乐见的活动。其次，加强学生群体组织骨干的选拔、培养工作，使学生群体组织的活动在德才兼备的骨干成员的管理下有声有色，卓有成效，并沿着正确的方向不断发展壮大。最后，寓教于乐，寓教育于活动中，使组织者和参加者都在活动中受到潜移默化的教育，充分实现和发挥学生社团等组织的功用。

第三节　大数据时代高校学生教育管理信息化模式

一、大数据时代高校学生教育管理信息化的体系认知

在大数据时代，高校学生教育管理的信息化体系是在现有学生管理基础上建立的。该体系依赖于交互式学生工作信息网络，并通过全面开放和改革来支持信息化应用服务。这种改革涉及学生管理工作的传统体系，在管理模式和应用模式的层面上进行了改变，旨在实现高校学生教育管理工作的便捷高效。

（一）高校学生教育管理信息化的目标

高校学生教育管理信息化的目标是推动学生的信息素养及综合素质的全面提高，创建好信息社会与知识经济相吻合的新型教育形态，同时提升学生的综合素质，继而让教育冲破传统的时空限制，打破高校的围墙，跨越国界和区域的樊篱，从而为建设全球化终身教育体系奠定基础。为高校人才服务是高校信息化的最终目标。

（二）高校学生教育管理信息化的性质

先进的计算机技术和网络技术的使用，让高校信息资源数字化、管理科学化以及校园网络化，即高校信息化的实质。然而其中信息化的基础、信息化的保障以及信息化的中心分别是校园网络化、管理科学化、信息资源数字化。高校信息化是一个动态的发展过程，同时也是不断变革与优化的过程，关于传统教育观点、组织结构、业务流程、教育模式和管理体制等，有益于提高教学、科研服务和管理等活动的质量及功效。

高校信息化具备系统属性，并且其自身也具有体系结构，这是对静态的组织结构形态而言。另外整体是一个组织、观点、事物、工具以及管理信息化等有机融合，这是对展现形式而言。此外完整的体系是由技术和安全保障体系、组织管理体系、信息化规范和标准体系、信息化应用和服务体系、信息资源和数据库体系以及网络平台体系等组成的，这是对体系结构而言。

（三）高校学生教育管理信息化的要素

信息化资源和信息化人才、信息网络和信息技术使用、信息化政策法规以及信息化产业六大因素包含在高校学生信息化管理中，成为一个管理领域的信息化，是一个有机整体，形成高校学生管理信息化体系。这中间根基是信息网络，中心是信息资源，目的是信息技术和信息资源的使用，同时保证高校学生信息化管理实践的是信息化政策法规。

第一，高校学生教育管理信息化建设的主要内容，完成学生管理信息化的先决条件及物质基础，就是信息网络。在当前关于“数字化校园”建设构想，中国有许多高校提议了，为此也付出了行动，因此校园网络建设获得迅速发展，能够无缝连接的是中国教育管理网络。此时关于学生网络实验室和计算机中心的建设力度增大，还有学生公寓局域网的建设增强，给学生上网提供了多种多样的方便条件，从而给高校学生管理信息化奠定了坚固的根基。

第二，在高校学生教育管理及各种信息资源管理过程中使用学生管理信息资源，它成功与否的重点在于高校学生信息化管理上。因此划分学生管理软件资源是高校学生管理信息的中心，以及学生信息资源是学生管理信息系统中根本数据的中心。多媒体信息资源是多媒体素材的根基，还有各种工具资源及网络资源是学生管理信息资源的使用、生成、解决、分析和决策的基础。被管理者、管理资源、管理内容和所支撑服务体制的各类数据库资源等的设立，就构成了现代学生管理信息资源。

第三，高校学生教育信息化管理建设的重要目的及根本出发点都是信息技术在高校学生管理当中的运用。高校学生信息化管理建设的主体就是信息技术的运用，信息技术的使用是学生信息化管理的收益的重要展现，关键要做好：一是确定信息技术于学生管理方面运用的目标；二是信息化学生管理模式与设立本地学生管理信息化环境教育管理内容以及教育管理对象相适应；三是管理者和受管理者应用信息技术的基本技能与兴致务必要提升；四是学习信息技术管理应用的重要任务是将信息技术和高校学生管理综合的观念探究及实践于不同层次中展开。

第四，对高校学生教育信息化管理而言，先行的是人才。因此要求将掌握信息技术基本知识、同时拥有先进的学生管理观念和信息技术应用能力的学生信息化管理人才纳入高校学生信息化管理。信息化管理人才具有两种含义：一是在高校当中从事各种学生管理、服务和教育的各类人员有信息技术能力、素质与技术，还需要有基本的分析、信息加工的能力，这是通识型学生信息化管理人才；二是从事学生信息化管理物态化技术与智能形态技术的研讨及开发，对于专业人才的运用及保护，要求更细的分工，可能是网络工程师与高级软件人才等，这都是专业型高等教育学生信息化管理人才。

第五，关于信息的搜集、存储、沟通及使用的手段与方法的体制就是信息技术。各种信息媒体，就像印刷媒体、计算机网络以及电子媒体等，就是一种物化形态的技术，是手段。另外使用各种信息媒体关于各种信息实行的方法是搜集、存储沟通及使用，就是一种智能形态的技术，就是方法。信息媒体与信息媒体使用方法两个因素构成的就是信息技术，而信息的数字化与信息传播的网络化就是中心。信息技术不仅是高校学生信息化管理的技术支撑，还是学生信息化管理的启动力，既能够丰富高校学生管理信息化的研究内容，同时能让新的以及愈加有效的物态技术与智能形态的技术运用到信息化学生管理当中，从而提升学生信息化管理的水平与成效。

信息技术服务业与信息技术设备制造业就是信息技术产业。在中国高校学生信息管理历程中，必须由不同的社会部门分工合作来达成信息技术产业的发展，鼓励学生管理科研院所、部门及有关企业等非常强的互补性的部门一同参加，这样可以让学生管理信息技术产品的开发，把学校解放出来，将精力汇集与发挥资源优势。

第六，学生信息化管理工作能够顺利实行，务必制定学生管理信息资源开发、学生管理信息技术使用、学生管理信息产业以及学生管理信息网络建设等各个方面的政策法规。这不仅是高校学生管理信息化工作的蓝图与根据，还是学生信息化管理发展的有力保证及主要条件。

二、大数据时代高校学生教育管理信息化的建设路径

社会经济的繁荣发展将信息化推向社会主流，信息化的建设又促进政治、经济和文化产业的发展，信息化带动了社会各个层面的改革和创新。高等教育是治国之本，高校学生的管理模式也在信息化浪潮中不断创新。信息化提高了学生学习和生活的质量，提高了高校管理部门的管理效能，它是数字校园的推动力，是高校教学、管理、学术研究等统一的标志。同时，它创新了高校人才培养模式，带动了高校人才培养的浪潮，符合社会发展需求，帮助毕业生在社会上有立足之地，促进经济的繁荣和发展。人才培养模式的创新必将促进高校信息化管理的发展。

随着信息时代和网络时代的发展，电子产品成为纸质报纸、广播电台、电视媒体新兴的产物，个人微计算机、平板电脑、智能手机已融入高校学生生活和学习之中。高校学生对信息化时代敏感，是手机网民的主要构成部分，他们在利用新媒体、传播新媒体信息等方面都很在行，能够快速扩散信息、收集大量信息，同时，还具有很强的独立特性和开放性。这些都对高校学生的人生观、价值观、学习观产生了很大影响。

随着科技的进步，乃至5G网络进一步普及，在智能手机和无线网络持续发展的背景下，高校在校生基本上都使用了智能手机，电脑终端在校园、公寓都能够方便地使用。新媒体促进了微信、微博、抖音、知乎等平台的广泛普及，成为公众交流信息、表达意见的自由论坛，成为社会交往的大舞台，创建了一种全新的信息传播环境。信息渠道的畅通，导致每时每刻发生的事情，都可能在第一时间传播于高校学生之间，无处不在、无时不有的网络信息，深刻地影响着高校学生的思想与成长，也改变着传统教育管理的环境与方式。应对这一新的形势，需要从理论上研究信息化时代践行社会主义核心价值观的新要求，在实践上探索教育创新之策，更好地为教育管理创新服务，促进高校学生在教育、管理、服务中得到更健康更全面的成长。

（一）大数据时代高校学生教育管理信息化建设思路

1. 学生教育管理信息化建设的必要性

（1）推进高校学生教育管理创新是适应高等教育大众化发展的需要。近年来，中国高

校教育发展迅速，在规模和在校生人数上都有很大增长，高校内部的结构和管理也进行了优化，对学生公寓、食堂、学分要求、班级概念等都进行了革新，这些新的变化和创新都增加了高校管理人员的挑战。高校管理人员要通过不断的学习、培训、创新才能够管理好新型的高校，能够符合时代的发展和学生的需求。

（2）推进高校学生教育管理创新是加强和改进学生工作的内在需要。学生管理主要是对学生思维、规章制度、学习活动等方面进行正确的引导和开展管理工作。学生的价值取向、生活方式等都受到社会和时代的影响，向生活多样化、思想开放化、经济变革性等发展。在这种开放的教育环境中，学生受到各种观念的影响，主观意识、民主意识等不断加强，造成学生更加凸显个性，实现自我。这种情况下，如果还是按照传统的方式来管理学生，只能适得其反。高校管理者要利用新时代的方式、按照学生的生活方式去接近和管理他们，才能够实现管理工作。要利用特殊的管理思维，在理念、方法、模式上进行创新，只有这样才能够充分发挥管理人员的作用，能够被学生接受，能够有效对学生开展管理工作。这不但是高校学生管理的基本需求，更是高等教育对教学质量提出的新要求。

（3）推进高校学生教育管理创新是培养创新人才的需要。随着科学技术的不断发展和进步，要想满足社会对人才的需求，必须加大对高校学生的培养力度，培养出综合素质足够高的专业化人才。要想实现这个人才培养目标，必须加大教育创新和制度改革，不仅要创新教育管理观念，还要创新人才培养模式。在高校教育当中，学生信息化管理工作比较重要，也是培育人的主要方式，学生管理创新是培养创新人才的需要，也是高校教育创新的主要内容之一。

2. 学生教育管理信息化建设的创新思路

1）树立高校人本教学观念

要加强情感教育，在日常的学习、生活中加强对学生的思想引导和情感沟通。首先，要以人为本，充分尊重学生；其次，教学过程中要注重情感交流，将情感融入教学中，达到教育的目的；再次，要充分尊重学生，以感情因素来打动学生，充分引导学生正向发展，在教育和管理中做好转化；最后，通过情感交流来引导学生的思想，要经常性对学生进行褒扬和激励，帮助学生养成高尚的道德情操。

第一，树立师生间平等意识。要想促进师生之间的良好交流和沟通，必须采取有效措施，改善师生关系，对于师生关系而言，对应的是平等的关系，是基于人格平等上的合作交流关系。在师生关系建立当中，必须凸显出学生的核心主体地位，教师要起到良好的引导作用，学生才是学习的主人。在具体的教学管理活动开展中，教师要让学生学会自我管理，不要进行过多的干预。

第二，建立针对性的制度规定。制度建设是班级管理中的重要举措，但是制度的制定与实施，应适应不同班级的特点，符合高校学生的年龄特征，而不能以检查、纠偏、惩罚为目的。

第三，尊重学生的个性差异。“在信息与数据技术的支持下，学生的差异性特征将会以更加具体的数字化特征呈现，这是大数据时代高校学生教育管理工作的独特优势”①。针对素质教育而言，其核心是个性化教育，针对不同的学生而言，是存在一定差异性的，要想从根本上提升教学效率、保证教育成功，就必须尊重学生，采取个性化和专门化的教育方法，针对不同的学生，采取相应不同的教学方法，通过加强个性化教育，为学生创设良好的学习环境和学习氛围，从根本上提升学生的思维创新能力。

第四，树立“学生是发展中的人”的意识。处于教育阶段的青年学生身心尚未完全成熟，通过他们的成长规则可以看出还处于不断发展和成长的过程，有待开发潜质和技能。在学习过程中，除了与生俱来的遗传优势外，环境对他们的影响也尤为重要，从身心两个方面而言，遗传因素、环境因素、教育手段是共同作用于学生的成长的，在三者的作用下，学生身心逐渐发育成熟。这种成熟的发展是不固定的，波动非常大。所以，学校老师和管理工作人员要从学生的角度出发，不要按照成年人的要求、自己的标准及固有观念去教育和指责他们，也不能对其不管不问，要针对学生不同阶段的心理变化进行有针对性的引导和教育。

第五，培养学生的责任意识。学生的道德教育是班级管理中的重要内容。一方面，不能抑制学生的独特性，要培养他们正确的观念，打破等级观念的束缚；另一方面，要培养学生的大局观，引导他们牺牲自我，实现大我。

2）强化以学生为本的教育管理观

教育活动是根据教育理念开展的。在进行学生管理变革时，先要发扬“以学生为本”的观念，充分尊重学生的个性，鼓励全体学生参与，这是做好管理工作的基础。现代管理学中指出，人是最核心的资源，是管理工作中的第一要素。学校管理人员要将学生作为所有工作的重心，要以学生为中心开展活动，充分尊重学生、关爱学生、鼓励学生，要时刻不忘满足学生的合理需求，并引导他们开发自身的主动性、创造力和积极性。总而言之，就是要在学生管理的过程中充分了解学生需求，帮助学生提高综合素质和专业技能。管理要具有民主性和主观能动性，使学生意识到他们是管理的核心，除了被管理，还有管理的职能。要帮助学生进行对自我的管理、教育和服务。

高校学生管理工作具有全员参与性，所有的高校成员都在其中有着自己的作用。在管

---

① 元礼娜．大数据时代高校学生教育管理工作的创新路径［J］．食品研究与开发，2021，42（18）：246.

理工作开展过程中，单独依靠管理部门的努力是不够的，要充分发挥各人群的主观能动性，鼓励他们主动加入高校管理工作中。要充分加强高校管理部门的教育意识和管理理念，积极邀请校内专家、社会优秀人才参与到高校的管理工作中来，同时要在学生群体中培养学生管理团队。在多方共同参与协助的管理模式下才能够实现高校、社会、家庭三者协同发展的新局面，才能够将高校的服务职能、管理职能、教育职能进行充分结合，形成新的管理合力。

3）构筑学生管理信息创新平台

科学的进步非常迅速，信息化和互联网技术的发展也非常迅速。随着数字校园和网络校园的发展，高校已经成为网络用户最多的地区，高校学生自然是数量最多的网民。新时代下的互联网给学生带来了极大的帮助，已经成为学生日常学习中获取知识的途径，对他们的人生观、价值观、世界观产生了深远的影响，但是却加重了高校学生的管理工作。高校管理人员要进行计算机相关知识的培训，加强网络知识的学习，并在学习过程中掌握新的方法开展学生管理工作。在管理中，提高自身的信息化技能、科学化技能，这样的管理方式才能受到学生的喜爱。

首先，要构建学生信息数据库。新时代下，信息是管理的核心，熟悉学生的相关信息是管理工作的第一步。所以，新生入学时，就要对学生进行相关信息的采集、整理、登记、上传工作，特别要注意特殊学生，如贫困生资料的收集。之后针对学生的成绩、奖惩情况等进行更新录入，保存为电子档案，为日后查找学生信息提供详细资料。其次，打造学生管理服务平台。可以通过线上渠道对学生进行管理，在网站、腾讯 QQ 群、微信等社交媒体上开展管理工作。学生的管理服务平台要符合学生的需求，贴近学生的思想、生活和学习。要采用民主、平等、开放的形式开展网上讨论，扩大讨论量，打破区域限制。改变传统的单向沟通机制，实现双向沟通，这样有助于提高学生的讨论积极性和发挥学生的主观能动性，能够增进管理工作的亲切感。

4）健全学生管理机构的创新运行

学生的管理团队在高校管理工作中发挥着重要作用，他们是主要的执行人员。管理机构作为整个管理体系的坚强后盾，通过发展学生管理团队、健全学生管理机构促进高校管理资源的合理分配，为学生管理机制创新贡献力量。现阶段，高校管理团队主要以班主任和辅导员为主，学生的管理水平反馈的就是他们的管理效果。学校应该从辅导员的优势出发来构建和整合学生管理团队，打造更高水平的管理平台，根除学生的应付思想。在奖惩制度上也要进行加强，激励管理团队的斗志，培养岗位责任感。高校的党委学生工作处是学生管理机构的指导，他们主要负责学生工作的安排和执行。作为执行单位，要充分发扬管理的公平性，要更加细致地管理学生，并完善相关的线上线下管理办法。通过这种多方的机制革新，明确管理的目标和职责，并将管理人员中的辅导员、班主任、学生团队进行有机结合，及时沟通，进行有关工作的汇报、反馈和相关问题的探讨，这样能够更加细致地开展管理工作，达到更好的管理效果。

5）建立多维主体的学生管理体系

通过相关的规章制度、行为准则和管理办法对学生进行思想和行为的教育，并培养学生的思维能力、学习能力等，就是高校学生管理。学生的思想和行为是受到多方面影响共同作用的结果，因此，对高校学生开展管理工作是要进行多方面的管理。这个过程中，学生是主体，公寓是学生的重要依托，家庭是重要的辅助手段。

第一，学校是学生管理的主体。对于学校规章制度以及相关管理方法而言，是可以对学生学习行为起到导向作用的，在具体的高校学生管理当中，必须在结合学生思想特征和实际情况的基础上，明确科学合理的人才培养目标，还要在结合学生身心发展规律的基础上，实现刚性管理和柔性管理的有效结合，凸显出思想教育的激励价值，营造出良好的教育管理氛围。

第二，公寓是学生管理的重要依托。学生公寓是学生学习、生活、社交、娱乐的重要场所，更是连接学校和社会的纽带，近年来，大学城和大型学生公寓的发展使得学生在思想、价值取向等都有了很大的变化。大部分学校在学生公寓中成立了管理中心，加强了对学生的管理力度，从各个方面都能对学生进行监督和管控。管理中心在公寓管理、公寓文化建设方面都有正向的推动作用。学校的相关管理单位、学生组织要加强学生的沟通和交流，网上汇总学生的相关问题，并探索解决方案。避免学生在公寓活动和相关管理工作中逃避责任，提高管理的效率。

第三，家庭是学生管理的重要合作者。要想加强高校学生信息化管理，还需要学生家长的配合，高校教师必须加强和学生家长的交流沟通，创新并完善学生家长联系制度。例如有的家长在保持电话联系的同时，还发邮件或登录学校有关网站留言反馈学生的信息，交流教育经验，为推动学生管理起到了积极的作用。通过严格遵循学生家长联系制度和标准，可以从根本上促进高校学生管理工作的有效落实，还可以扩大学生管理方法的应用范围，从根本上优化学生管理效果。高校学生管理创新工作难度是比较大的，针对高校学生管理人员，必须在结合信息化思维特点的基础上，不断创新和完善学生管理方法，还要及时了解学生管理变化情况，从根本上推进学生管理创新。

（二）大数据时代高校学生教育管理信息化建设方法

1. 思想理念方面建设方法

高校学生教育管理工作创新的基础和前提是理念创新。理念是高度凝结的集体式智慧，核心是自主创新能力，既强调外在显性理念，还强调潜在的隐性理念。高校学生管理工作的创新，要让学生管理工作人员都能够与时俱进，及时更新个人理念，形成创新高校学生管理事务，提升管理工作效率的新理念。更新高校学生教育管理创新理念的具体途径有以下方面：

（1）管理人员要加强服务意识理念。高校内的信息化系统服务于校内的所有人，其使用主体就是校内的管理人员。在信息化建设的过程中，高校教师参与网上办公正是一个重要的方法。高校管理人员应当着重培养自身的服务意识，从服务的角度出发，为信息化办公系统的进一步完善提升提供合理化的建议，从而改善信息化系统。相同的是，在我国大多数高校之中，管理人员并非教师阶层，其专业可能是不同的，一部分非信息化相关专业的管理人员相应的能力水平是比较低的，所以，对这一部分人而言，使用信息系统具有一定的难度，在使用过程当中往往会出现各种各样的问题，传统的办公模式才是他们所熟悉的。因此，在信息化建设的过程中，需要高校重视加强对于学生管理工作人员的相关培训，从而帮助其自觉使用信息化平台。信息管理人员应当加强对于信息化本质的理解，紧跟信息化发展的步伐。为了保证管理人员对于信息化系统的使用更加轻松，高校应当加强使用意识的培养，从而节约成本、提高效率。

（2）学生要积极使用信息化系统。应用现代化信息手段的优势在于，既能够帮助学生大幅度提高学习效率，同时还可以帮助学生培养学习的灵活以及自主性。目前部分高校已经开始使用校园一卡通，它的大小与普通的银行卡相似，有多种功能，如借书卡、饭卡、学生证等，使得学生生活更加便利。与之相同的是，学生的学习生活也因为大量信息终端的介入而充满了大量信息化内容，这样的改变使得如今对于学生信息化素养有了更高的要求，同时也带来了明显的优势。现实当中，学生们对于新事物的接受能力是较强的，因此对于使用信息化产品也会更加热衷，从高校学生的性格特征以及心理特征角度进行分析，高校仍然应当注重培养学生的信息化素养、正确引导学生进行资源的开发以及应用，使学生们能够免疫不良信息，对学生的学习生活起到辅助支持作用。

（3）技术人员要树立服务意识、合作意识。在对高校信息化进行建设以及维护的过程中，信息技术人员发挥着主导作用，所以高校应当保证相关技术人员时刻跟随科技发展的进度。由于受到专业的限制，技术层面成为许多相关工作人员进行工作的出发点，这也导致其无法准确地对各部门的需求进行把握。所以，高校当中的信息化技术人员和普通技术人员之间存在着不同之处，对于其服务意识的培养应当给予足够的重视。在进行调研时，首先应当同行政及其他管理人员和学生进行沟通交流，了解不同人员所具有的不同信息化需求。使用信息化产品时，信息化技术人员应当能够准确地把握产品，同学校实际情况相结合，提升其创新以及务实性，从技术层面出发，同时结合实际应用当中所产生的需求来综合性地对信息化进行设计。

在高校学生信息化管理当中，还要严格遵循“以人为本”原则，要做好关爱学生和保护学生的工作，促进学生的个性发展，从根本上提升学生的独立思考能力，加大对学生全面发展以及学习需求的关注度，旨在促进学生健康成长和高校学习。信息技术同时具有通信以及自动化的功能，这对于各种管理应用系统的构建是有着帮助作用的，可以进一步提升管理效率。除此之外，超强大的交互功能以及通信功能可以保证与学生沟通的畅通无阻；通过对信息技术的应用来实现各类应用平台的建设，对管理机制不断进行创新，不断加强管理以及服务水准，最终使网络具有传承人类道德普遍价值的功能。高校应当对建设网络平台给予足够的重视，围绕人类道德普遍价值教育这一问题，开展相关的网上交流、教学、论坛、辩论赛等，并通过校园的论坛、博客等进行有关信息的报道，在不断的交流渗透过程中积极引导树立正确的价值观，从而完善网络平台，加强民族精神，提升网络所具有的影响以及宣传能力。

2. 业务流程方面建设方法

高校的核心重点是为国家培养和输送人才，高校的学生事务是高校的重点业务。新生入学时，从报到注册、学籍资料整理、就业指导到实习支持、心理疏导等工作需要各个部门协同处理。就新生报到流程而言，学校管理部门、学院、学生处、资产处、财务处、保卫处、网络部门等都需要加入迎新工作中。这些部门如果实现了联合办公，新生报到的手续将会顺利很多。现阶段，高校学生事务的效果直接反映了高校的办学和管理水平，随着高校信息化的建设，学生事务需求越来越多样化，因此，要对高校学生事务的流行性进行简化和创新，以满足学生的特殊需求和时代要求，学生和管理人员工作的匹配度是重点内容。高校信息化的发展需要教学部门、财务部门、安保部门全力合作，以此创新管理办法，从中我们看出高校学术观念管理的信息化本质上是对流程的规范。想要实现高校学生事务管理的变革和创新，就要找到管理工作中的缺陷所在，要始终将优化学生管理流程作为重点，突破传统的职能导向管理办法，将传统管理的优良传统和现代的管理办法进行整合、消减等，达到管理的最高效率和流程简化。高校教育管理流程可以从以下方面改进：

（1）要在信息平台下实现组织结构扁平化。高校学生的管理是在专业调研数据的支撑下开展工作的，在高效和简化的管理流程建立之后，要减少管理层的数量，让整个组织架构轻便易操作，在提高管理效率的同时，缩小校领导和学校老师、学生之间的距离，以此来优化组织结构。通过流程型组织结构的建立，以目标和任务为指导开展工作，重视各个流程阶段对于工作的分配和人员布局。这种形式加强了各部门的沟通和交流，使信息上传下达通畅无阻，各部门的优势在流程中不断得到体现。例如，传统的管理模式中，校领导想要了解学生的情况，需要从职能部门到各学院到辅导员到学生干部等层层反馈才能得到准确的信息。在信息化时代下，校领导直接可以查看学生的相关信息，不仅节约了校领导的时间，还保证获取到的数据的真实性。

（2）要在现代信息技术的网络化基础上构建协同管理的平台。高校管理工作是一个细致的工程项目，信息技术是保障项目顺利执行的重要手段，通过构建协同管理平台能够对获得的各种信息和资料进行管理与个性化处理，借此来克服以前部门之间资料浪费严重的问题，实现信息的高效共享。目前，大部分高校开始构建数字校园，在先进的科学技术、互联网技术的配合下，高校学生管理的工作全面实现数字化处理，通过信息化的管理方式和信息传递模式来减轻教育的负担，推进教育管理工作的规范性和科学性。

（3）对相关业务进行集成，简化业务流程。在完成协同管理平台构建之后，就要对业务流程进行优化和创新。可以通过清理无效活动、综合任务考察、流程顺序简化和技术自动化等途径来开展工作。要保障信息来源的统一性，避免信息传递造成失真，以保障流程的效率和真实。在各部门间的沟通和交流上简化结构组织，将相似功能的部门整合成一个部门。相应的活动也进行综合处理。在处理学生信息时，信息的公开化很好地解决了传统工作中众多中间层的传递问题，计算机的自动化处理功能代替了人工的统计、录入工作，将学生的工作重心转移到信息的加工和二次开发上，提高了解决问题的效率。

3. 组织结构方面建设方法

在信息化逐渐普及的背景之下，高校学生管理组织的创新结构能够为其发展提供强有力的支持。管理的信息化并非指在目前基础上加入计算机、多媒体设备或相关的软件，而是应当基于现代大学管理理念不断地优化调整高校学生管理各资源以及环节，进行科学的定位，对信息流程进行合理化设计，从而确保在网络环境当中各种资源传输的及时准确性，能够为各项管理工作提供坚实的基础。所以，高校想要进一步实现学生管理信息化，首先应当在组织结构所具备的原有基础之上进行进一步的更新设计。

目前高校信息化建设过程中所产生的发展趋势是：成立相关工作领导小组或是委员会，增加信息主管（CIO）这一岗位，由高校一把手直接进行领导，并对校园信息化建设主要负责。在实际工作的过程中，CIO 负责信息标准以及政策的制定，管理全校的信息资源、对各个职能部门以及行政管理人员进行协调，从管理这一角度出发，对信息技术进行选择和使用，通过对信息资源的反复筛选和深度挖掘来完成对于数据的准确利用。信息化组织体制具有 CIO 结构后既能够对管理体制的改革起到促进作用，同时还能够帮助调整学校专业结构，从而促使高校的管理决策层得到进一步的提升。除此之外，还需要保证同时进行信息化领导小组的进一步完善与信息化组织结构调整。

（1）组织的主要结构

第一，直线型层级结构。从我国目前的状况来看，高校当中所存在的学生工作组织结构，其主体为校院两个管理层级之间相互结合的管理机制，是一种直线型层级关系。这种层级结构对于相关职能部门以及院系的快速控制主要依靠决策的快速性和指挥的灵活性，使校内的资源能够进行有效整合，从而使全局工作能够顺利进行。不过这样的管理过程也存在弊端，导致多层领导出现条状分割状况，职能之间会发生相互重叠。另外一个问题就是沟通协调存在着困难，对于多部门参与的过程，横向协调性至关重要，无法专业化地对工作进行指导，就极其容易导致负责领导以及非负责领导都不会进行管理的状况。由此我们可以发现，直线型层级结构具有较大的组织跨度，这导致了学生工作的管理很难进行完全控制。教学科研往往被当作高校的中心工作，相较于学生管理工作，被认为是更加重要的。从另外一个角度来看，高校学生工作信息传递通常需要经过多个层级相关管理部门人员，流程相对冗长，在这样的环境下运用直线型层级结构极易导致信息传递的不顺畅，甚至会导致传递出现障碍或者是信息失真。

第二，横向职能型结构。我国目前仅有少数高校在应用横向职能型结构，其主要特点包含有条状运行机制和一级管理体制，参考西方高校当中的学生事务管理模式。由于这种结构的管理机构设置以及管理权限分配是在学校层面来进行的，依据分工的不同由不同的职能科室来面对学生和社团开展工作，学生管理工作最大的特点在于多头并进以及学校直接开展。与之相同的是，管理层级因为大的组织跨度、管理的扁平化以及分工的明确性而得到了减少，工作职能得以向学生延伸，降低了横向协调的难度，增加指挥的灵活性，增强决策者对于管理的影响。不过在这样的组织结构当中，专业化以及管理层次的缩减会导致相关工作人员对其过分重视，增加工作强度和心理压力。这种大负荷工作极易导致工作效率的降低，在院系当中沿用辅导员制度会导致隶属关系的模糊，进而使得辅导员无法明确自身的工作职责。

（2）网上业务协同矩阵的管理结构

矩阵结构普遍化是目前国际著名大学组织结构取向的一大特点。如今，越来越多的高校加入数字化智能校园建设当中，这也使得学生以及教师的信息化素养得到了大幅度提升。由于高校当中的部分职能部门无法实现部门内部的业务协同以及信息的共享，因此逐渐转变为跨越应用、处室以及职能领域的业务协同以及信息的共享。在学生工作当中，网上事务处理方式以及信息服务的现象正在逐渐增加，其中包含有后勤、教务、财务等多个部门。过去高校毕业生在进行离校手续办理时，需要携带纸质的离校单在校内的各个部门进行盖章，如今在应用离校系统之后，不同部门之间的协同工作使得毕业生能够通过网络完成离校手续。

系统当中的工作流可以实现学生办理离校手续时相关的不同部门的协同工作，学生在线提交申请，可以提升离校手续办理的速度。在进行奖学金评定时，通常需要综合学习成绩、品德等多个方面进行综合考虑，此时学生处以及教务处之间的相互配合，能提升问题解决的速度。校园一卡通系统被众多高校应用，它既是学生的学生证，同时还是门禁卡、图书证等，其制作与发行通常情况下由网络中心来负责，学生以及教职工的相关信息通过不同部门数据库中的数据，进行横向整合，使得一卡通能够对校内的各个部门的信息进行共享，实现联合办公。

在中国的大学当中，矩阵管理结构的建设因为信息技术的普及应用而有了发展的空间。可以确认的是，我国大学当前的信息化发展不够完善，接下来还需要一段漫长的时间来完成对于信息系统和相关管理结构的建立。不过目前许多高校已经开始进行新岗位以及部门的设置，重组业务流程，例如完成信息化办公室的建立从而促进信息化建设，组建学生信息综合服务中心等，从而推动信息化的完善进展，借助通信系统将本来由不同部门分别进行的工作完成。

第一，学校的信息化平台。信息化平台应当对所有与学生密切相关的部门进行统筹管理规划，其中包含教务处、图书馆、财务处、就业指导中心等，根据平台的不同来对功能模块进行合理的规划，根据学生的基本信息来进行学生电子档案库的建立，其中可以包含在校期间学生的学习、获奖、生活、获得的资助等。它既保证功能的发挥，同时还能够对学生的在校表现进行综合性的反馈，直接展现学生在校期间的真实情况，客观地对学生综合素质进行评价。在建立数据统计平台的过程中，学生基本信息的统一性是至关重要的。

所以，保证学生基本信息的一致性对于学生电子档案库的建立十分重要。这些信息包含姓名、出生年月、性别、经历和生源地等不会改变的基本信息，同时还包含家庭成员基本信息以及家庭基本情况在内的会发生变化的内容，除此之外还有学生获得奖学、助学金的情况和实习培训情况。以上信息在被提交之后需要学生处以及院系进行审核，根据学校情况的不同，可在特定时间由学生对数据进行更新修改，并由相关部门对其进行审核。除此之外，想要实现对于学生情况的全面记录，还应添加一些平台功能，例如学生进出公寓和图书馆的情况、借阅情况以及消费情况等，从而使调查统计分析更加便利。

第二，数据收集和数据分析的功能。从数据来源角度进行分析，应保证其直接性和客观性，这样对于后期的调查统计分析是有利的。统计分析可以帮助我们更加直接客观地对学生的在校情况进行综合性评价。例如，通过校园卡了解学生的消费情况并将其和贫困学生的信息进行相互比较，从而完成对于贫困生情况的科学核查，进而调整补助的发放情况；或者对学生进出图书馆以及借阅的记录进行调取，将其与学生的成绩进行比对，从而有效地完成对于学生阅读及学术研究的分析；统计学生就业情况，并将其同学生的在校情况进行结合分析，从而找到帮助学生提升个人综合素质以及就业能力的有效方法。对不同部门的数据进行同步的交叉比较，可以发现教学以及其他学生事务在管理的过程中所存在的问题，进而对教学管理以及学生工作给出更多宝贵意见。

第三，权限分配。在对权限进行分配时，可以根据角色的不同来进行，根据工作人员所在部门、职务以及工作内容的不同，分配不同级别和内容的权限，细化操作环节，保障操作安全。这样的学生管理系统可以提供给包括学生本人、辅导员以及事务管理部门人员使用，能够授予其他相关人员进行查阅的权限，可以更加便捷地对学生的学习生活情况进行了解。

4. 技术支持体系建设方法

（1）加大硬件方面的投入。学生管理工作信息化的硬件设备包括电脑、互联网设备等，学校要加强技术设备和设施的完善。高校学生管理信息化要符合国家的相关法规和科技指标，贯彻“基础网络保障、核心计算功能、应用精神指导、安全性能保障”的思想，时刻关注行业动向，掌握信息化核心技术，进行创新和改革。要鼓励高校管理信息化的模式创新，加强实验和尝试，将校园网络布局为主网络，在网络技术和各种信息化系统的协助下，开拓实用性功能，将办公系统、网络环境等进行传递和共享。要加强硬件设施的资金投入和技术投入，寻求校企合作，全面提高学生管理信息化的水平。

（2）创建“智慧校园”。高校中，数字化校园的实现将教学和管理工作推进了互联网时代，为高校学生带来了便利性。近年来，世界各国在信息化技术发展的浪潮中都开始高速发展互联网和信息技术，在应用和发展方面改变了人类的生活方式，给各种职业带来了全新的变革。同时，信息化时代带动了智能时代的到来，智能技术在生活中随处可见，智能交通系统、智能电网、智能医疗器械、智慧食品、智慧城市、智慧基础设施等将地球推进到了智能化发展时代，“智慧地球”的概念也带动了智慧城市和智慧校园的发展进程。国内一批高校在信息化、智能化技术的带动下组建了智慧校园，如南京邮电大学。这为高校学生管理工作提供了新的操作模式。

（3）创新学生管理工作。学生的安全工作是高校的核心重点，平安校园的建设是高校目前的工作重点。高校现阶段要考虑的是如何在不影响学生的正常学习和生活的情况下，保障他们的安全性。现阶段，物联网在高校环境中的应用与日俱增，物联网通过无线数据侦测对事物进行识别和信息收集，并按照预先设定的程序进行处理并反馈给用户。高校的日常管理工作中，如果在教室、公寓、食堂、图书馆等地方布局识别系统，学生的一言一行都能够被实时监测，并反馈给有关部门。感应系统在公寓的应用作用更大，学生通过一卡通就可以随意进出公寓门禁系统，方便了学生管理和生活。

“物联网”的应用充分保障了学生的安全性，避免危险事故的发生。通过在不同的区域和手机系统中装载射频识别（FRID）芯片可以实时提醒学生要携带的东西。图书馆的借书、归化、搜索等也可通过 FRID 读取。基于位置服务（LBS）系统是一项高新技术，目前学生基本都有手机设备，这给 LBS 提供了良好的安装环境。LBS 在日常学习和生活中应用广泛，它是学生为了提高效率主动运用的一种技术，这也是它和物联网的区别所在。

5. 教育管理保障建设方法

（1）适应发展教育需求，创新管理方式。随着信息化的发展，高校管理模式也要发生变革，才能够符合当代学生管理的新需求，找到管理学生的新形式。高校信息化工作开展之前，要通过专业的信息化小组对项目进行专业管理、目标确认、奖惩执行和系统动力理论，通过结合项目管理的相关理论和实际经验全面管理项目，以期达到项目预期效果。管理需求的更新必然导致信息化项目的改变，主要是在流程和结构上进行相对应的更新，在不同的管理形式下需要不同的软硬件设备支持。所以，高校学生信息化管理的前提是要熟练掌握传统的管理模式，并找到与支持设备的匹配处。除此之外，高校管理人员要注重网络的开放性，要从传统手工的方式中转化为互联网的形式。高校学生管理人员要加强信息技术知识的学习，创新高校学生管理的新形式和新途径。

（2）利用信息化平台，提升精细化程度。精细化主要是在学生管理工作中要做到细致、精准，精益求精，要树立超高标准，要细致入微。要将信息化技术应用到学生管理工作中，推动整体水平的质量，并注重学生的个性发展需求，帮助学生全面发展。工作以学生为中心，注重学生个性的发展和个人的指导，全面提高教育效果。学生管理工作的精细化是一种目标，是一种态度，更是一种形式，是一种精耕细作的操作模式，是对学生的全面培养，对信息化技术的全面应用。要充分利用信息化平台的优势，来为教育工作提供动力，帮助学生管理工作实现精细化管理和服务。

（3）做好队伍建设，提高人员素质。信息化时代下，为了保障高校学生管理的水平、完成人才培养的任务，需要组建专业的高质量信息化管理团队。这个团队的组成人员既要有专业人士，又要有非专业人士，要涉及多领域的人员。首先，队伍除了具备基本的管理理论素质外，还应该具备互联网和软件开发等技术水平，同时还要具有创新精神和创造力。其次，工作管理体制要与人才培养的目标相匹配，并能够及时进行调整。要明确流程顺序，分清各部门职能，要加强管理部门的决策能力，发挥管理人员的主观性和积极性。最后，要针对团队成员进行专业的培训，并创建长期的培训机制，发挥团队的特色，广泛涉猎多学科知识，以老成员带动新成员的模式进行培养。让高校管理人员不仅提高自身的互联网技术水平，还能够提高信息的优化组合管理能力，共同保障高校学生管理系统的运行。

（4）加强安全管理，完善信息化保护体系。高校学生管理要重视信息系统的安全性和保密性，这是学生管理工作中的重要内容。首先要充分考虑各个高校的网络信息安全性，配备与之适应的软硬件设备、安全防护系统等；其次，要设定严格的等级权限制度，根据不同的部门和身份创建不同的职能账号和权限，避免出现交叉重叠的权限设置，要确保所有工作人员管理好账号安全。最后，要出台相关制度和规章维护信息安全性，针对信息泄露等行为制定相应的惩罚制度，保障学生管理系统的安全性能。

第五章 基于大数据时代的高校教育管理的多元模式

第一节 基于大数据时代的高校教师队伍管理模式

一、高校教育管理队伍专业化建设的策略

高校作为一个规模庞大的复杂组织，必须在管理人员的素质上有所提升。只有提高高校管理队伍的专业化水平，才能提高高校的竞争力，推动高校发展，使其切实肩负起社会职能。

第一，提高思想认识。高校领导层要转变思想观念，切实提升高校管理队伍专业化水平。高校要注重培养具备综合素质的人才，不仅要有过硬的专业技能，而且要有优秀的管理才能。“只有高校领导层转变观念，重视管理工作，才能实现高校管理队伍的规范化建设，使每位管理人员认识到自身岗位的重要性，激发他们的工作动力，从而提升管理队伍的专业化水平，促进高校更好发展”①。

第二，实施管理资格认证制。目前，高校招聘管理人员和教师时，对已被录用人员进行岗前培训，只有获得证书者才能参加教师资格考试，在通过教师资格考试后才能进行上岗，这套程序对于教师而言毫无问题，但是对于管理人员而言，这些证书和他们的管理水平相关性不强，无法作为管理资格标准。因此，高校应当在管理资格方面设置相应的资格证书制度，才能更好地对管理人员水平进行有效评价，实现高校管理水平的提升。在进行高校管理资格认证制度制定工作时，学校可以采取和政府合作的方式来开展，根据认证者的管理水平、年限等不同因素来划分，根据实际岗位可以分成教学管理、行政管理等不同

① 汪国翔，罗赓．信息时代高等教育管理创新：评《信息时代教育传播研究：理论与实践》［J］．中国科技论文，2019，14（8）：11.

类型，通过管理资格认证制度，可以实现管理工作人员知识水平的不断提升改善，更好地实现高校管理水平的提升。

二、大数据时代高校教师队伍精细化管理

大数据是在信息技术革命与人类社会活动相互作用的过程中发展起来的规模巨大、种类繁多、增长速度快且潜藏巨大价值的复杂数据，不仅能够预测社会各领域的发展态势，还能够实现各行各业组织管理效益的最大化。大数据的发展离不开教育的作用，教育水平的提升更离不开大数据的有效利用，作为集“人才培养、科学研究、社会服务、文化传承创新”于一体的高校，将在大数据的浪潮中以参与者、促进者与推动者的身份，共同推进大数据在我国的研究与应用。高校教师作为大数据背景下“智慧教育”实施的实践主体，如何对高校师资队伍进行科学管理，实现教师队伍建设的效益最大化，提升我国高校教育教学水平，是当前教育大数据背景下亟待探究与解决的问题。

（一）大数据时代高校教师队伍精细化管理的重要性

高等教育作为教育体系的重要组成部分，承担着“人才培养、科学研究、社会服务、文化传承创新”的重要职责，高校教师则是实现这些职能的实践主体，要实现高校对社会发展价值的最大化，就必然需要对高校教师队伍进行科学化管理。随着高等教育改革的不断深化，高校获得越来越多的自主权，这也使得各高校针对自身发展特点不断推出新的改革措施，在这场改革战中，高校教师管理制度的改革必将成为焦点。只有将企业精细化管理理念运用到高校教师管理的改革中，细化教师岗位职责，建立精细化的教师考核评价体制，强化精细化的教师激励制度，才能充分调动高校教师的积极性和创造性，真正做到“物尽其用，人尽其才”，提升高校办学水平。

1. 精细化管理是提升高校教师队伍整体素质的重要途径

精细化管理是一种管理理念，而非某种具体的管理方式，精细化管理是指管理过程要“精”，抓住组织管理的核心，突出要点，摒弃细枝末节；管理制度要“细”，管理者要制定合理的管理与考核量化标准，各项指标要具体有操作性，体现制度的指导性；管理制度还要“内化”为个人的行为规范，组织中的个体要自觉践行制度文化，遵守制度要求，最终实现“法制”向“人治”的转变。一所高校能不能为社会主义培养合格的人才，培养德智体全面发展的、有思想觉悟、有文化的劳动者，关键在于教师。教师是学校教育工作的主体，是学校教育质量的重要保障，因而对教师队伍进行有效管理就显得尤为重要。

随着我国高等教育的扩招，高校教师队伍必将日益壮大，面对如此庞大的教师群体，如何对其进行有效的管理，促进高校教师的专业发展，进而实现高校的四项基本职能，是每一个高校管理者都需要思考的。在这个经济快速发展、科技日新月异的时代，高校作为社会高层次人才培养的重要基地，只有从教师的聘用、考核、激励、职称评定、培训及进修等方面建立精细化的管理模式，完善管理制度，明确岗位职责与要求，才能优化整个教师队伍，切实发挥高校教师对我国高等教育发展的中流砥柱作用。

2. 精细化管理是高校教育管理“以人为本”的重要体现

当前，我国高校实行的是校长负责制，高校管理体制存在三个方面的管理，即中华人民共和国教育部管理、行政管理与学术管理，其中，中华人民共和国教育部管理确定了我国高校的办学方向；行政管理实行校长负责制，带领全体教职员工为学校的运行与发展做目标决策；学术管理坚持教授、专家参与学校教学、科研管理，带动学校学科专业发展。随着时代的发展及社会各界对人才的重视，管理者也越来越意识到人力资源管理的重要性，管理理念已逐渐从“物本管理”转向“人本管理”过渡，强调管理过程要“目中有人”。高校管理则要遵循“关怀伦理学”的观念，相信教师，尊重教师，同时还要依靠教师，把教师作为高校发展的原动力，创造条件，实现高校教师自由而全面的发展。现代精细化管理理念虽然来源于企业管理，但作为社会组织机构的高校依然可以借用其精髓为自身管理工作服务。

精细化管理强调每一位员工都是组织管理的参与者，在组织管理中主要涉及三个层次的递进，即接受管理、参与管理与自我管理。在高校教育管理中，人的管理是第一位的，作为高校教育管理的对象与实践者的教师，更是高校组织管理的关键，因此，能否建立“以人为本”的高校教师管理制度必将成为影响高校长效健康发展的主要因素。高校从“以人为本”的角度出发，各层级合理设岗并细化岗位职责，教学型、教学科研型以及科研型教师各自承担的工作任务是不尽相同的，真正做到“人尽其才”，避免人力资源的浪费；建立全面的教师考核体系，针对不同类型的教师，分别在教学、科研、社会服务方面设置合理的量化权重，做到“和而不同”。根据高校自身特点，建立精细化的教师激励制度，设置科学的薪酬结构及调薪指标，尽可能保障教师在付出与收获之间的平衡，从物质层面提升教师的“职业幸福感”；要切实贯彻高校“以人为本”的教师管理理念，必然需要建立科学的高校教师精细化管理模式，否则“以人为本”的理念只能停留在意识层面，而无法落到实处。

（二）大数据在高校教师队伍精细化管理中的应用

得益于计算机技术和海量数据库的发展，个人在真实世界的活动得到了前所未有的记录，这种记录的粒度很高，频度在不断增加，为社会科学的定量分析提供了极为丰富的数据。由于能测得更准、计算得更精确，社会科学将在新世纪全面迈进科学的殿堂。教育大数据是大数据在教育领域的应用，旨在通过大数据技术来管理、规范、优化教育实践，全面提升教育水平。

根据大数据处理流程及教育领域的信息特点构建教育大数据技术体系的逻辑框架，主要包括四个层级：教育数据采集层、教育数据处理层、教育数据分析与展现层、教育数据应用服务层。教育数据采集层通过各种途径采集教育基本数据并通过数据传输接口传递给数据处理层，经过数据整合与存储形成教育数据平台；教育数据分析与展现基于该教育数据平台来实现教育数据的可视化与数据挖掘，并将分析结果通过数据接口传递给教育数据应用服务层，最终为教育决策提供科学依据。在整个过程中，数据的安全与监控随时跟进，保障各环节的安全性与可控性；标准与规范的作用在于保证整个数据系统的融通。大数据在教育领域的应用不仅有利于教育组织的科学管理，提升育人水平，还有利于教育过程的监控及教育发展态势的把握。

优秀师资队伍的建设需要科学的管理模式，大数据能够获取大量且多元化的数据，运用数据挖掘、分析等技术手段对各类型数据进行处理，建立联系，准确挖掘影响教师队伍建设的影响因素，为高校教师管理工作提供科学依据。运用大数据对高校教师队伍进行精细化管理，需要建立教师信息库，包括姓名、性别、学历、年龄、专业、工作经历、荣誉奖惩、职称等，在此基础上，运用大数据技术根据高校教师职能建立教师组织管理制度，跟踪教师成长过程，对教师进行全面考核，确保教师队伍质量。大数据与其他信息技术相比，最大的优势在于其具有超强的“预判能力”，在高校教师精细化管理中，大数据“预测性分析”能够科学有效地消除管理过程中的重复性数据，从而能够精准地预判出每一个教师的发展情况并以数据的形式给出优化策略。高校可以利用大数据招聘教师，即在教师招聘过程中，利用大数据来分析教师的信息，如教师的学历、特长、人生观、态度等因素，来预测教师在教育事业上取得成功的可能性，并判断谁是最优秀的教师。虽然数据信息不能作为教师招聘的唯一标准，但可以为面试官提供科学、客观的参考意见。

在信息技术高速发展的时代，教育行政部门必须创新教师管理方式方法，积极整合利用信息技术手段，全面推进教师队伍精细化管理化，提升教师管理的效率与水平。教师队伍精细化管理的核心任务之一就是要形成教师队伍大数据，要依托教师系统，实现各级各类教师信息的伴随式收集，为每位教师建立电子档案，建立统一高效、互联互通、安全可靠的全国教师基础信息库；高校采集、有效整合教师系统及相关教育管理服务平台生成的教师信息，形成教师队伍大数据。运用大数据进行教师队伍管理的目的在于提升教师管理质量，促进教师队伍健康、和谐发展，最终实现我国教育的内在发展。

（三）大数据时代高校教师队伍精细化管理的实践

大学的荣誉不在于它的校舍和人数，而在于一代又一代教师的质量，一个学校如果想要有发展，教师一定要出色。建设出色的师资队伍，必然需要对教师队伍进行有目的、有计划、有条理的精细化管理。将大数据应用到教育领域对高校教师队伍进行精细化管理，已是当前高校教育管理的大势所趋，但在应用过程中需要对教师数据的质量及安全进行监控与管理。

1. 确保高校教师数据的质量

教育大数据与企业大数据不同，它的对象与人息息相关，其目的在于优化教师队伍，提升教育水平，数据与教学业务紧密结合，因此，对数据的粒度要求更精细、更具体。教师数据质量是对其进行科学分析的前提和基础，数据采集错误会直接影响到教师数据的业务应用，影响到对教师的录用、考核与发展等方面的判断，因而要更加注重教育数据的完整性、规范性、准确性、一致性、唯一性与关联性。

高校在应用大数据技术对教师队伍进行精细化管理之前，第一，要建立真实、可靠且符合标准的教师数据库；第二，在教师数据建设的初期要对数据进行整体规划，在明确各类数据信息标准化的基础上建立业务系统之间的联系，避免“数据孤岛”现象的出现，从而保证数据的精确性；第三，在管理过程中，由于教师队伍的管理具有一定的灵活性，要充分考虑到数据系统的可扩展、可配置空间，从而规范系统运行过程中对教师管理业务的定制化开发；第四，在软件设计的过程中，要考虑到后期数据的维护与更新，要对数据录入、各系统间数据传递环节中的数据质量进行标准化检验，从而确保数据的真实性、准确性与完整性。

2. 保障高校教师数据的安全

大数据以其海量的多元化数据及独树一帜的预测功能而被广泛应用在各行各业，但在大数据应用过程中，隐私问题越来越受到社会各界的关注，在大数据时代如何保障用户数据的安全是大数据治理过程中最需要关注的。因此，在当前社会背景下，第一，高校要保护教师的隐私，确保教师数据的安全，需要建立大数据安全管理机构，确定管理的目标与范围，并制定在实施过程中的安全管理策略；第二，管理人员的设置坚持“权责分散、不交叉重叠”的原则，如系统管理员、数据库管理员、网络管理员必须各司其职，不能相互兼任，各参与人员均须通过一定方式进行考核确定，并签署保密协议；第三，对系统的日常运行进行安全管理，如建立用户和分配权限，明确各用户权限、责任人员及授权记录，坚持“责任到人”的原则，规范系统操作流程；第四，在数据处理过程中，特别是在对重要数据进行传输与存储时，一定要采用加密技术，并对重要数据进行备份，以确保数据的安全性；第五，要建立风险防范机制，建立切实可行的应急处理模式，以应对各类信息化安全事件的发生。

第二节　基于大数据时代的高校创业教育管理模式

一、大数据时代背景下信息化对高校创业教育管理的影响

（一）信息化对高校创业教育主客体的影响

1. 信息化对高校创业教育主客体的积极影响

（1）信息化背景下的高校创业教育，可以建立教师和受教育者之间的对等协调关系，使高校创业教育更有特色，企业家精神培养效果更加突出，为创业教育及创业文化的学院、大学提供良好的教育氛围和环境；信息时代揭示人与人之间的平等性，有利于建立教师和受教育者之间的良性对等关系，从而形成一种和谐的教育关系，为高校创业教育及创业精神培养创造适合人才发展的人文环境和氛围。信息时代的扩大，师生之间的互动和沟通，也使受教育者感受到公平的受教育乐趣，通过信息化交流把个人难以启齿的想法，通过短信、微信、微博等形式与他人进行交流和沟通，从而使不良情绪、心理困惑得到抒发，有利于高校创业教育者抓住受教育者的思想动态，及时进行情绪疏导、意识形态指引和心理预防等，使高校创业教育效果更加明显。

（2）信息化背景下的高校创业教育，有利于提高学生创新精神培养的效率。信息时代，教师和学生站在平等地位探讨问题，把从虚拟空间中获取信息作为相互交流、沟通的平台，不保留地奉献给对方，既增加了受教育者的主动性，又加强了师生之间的情谊。

信息时代获取各种信息的流量逐步超过任何时期，为高校进行创业教育提供了便利条件，也为高校提高工作效率奠定了良好的基础。信息时代，在一定程度上避免了国家的方针、政策在传播时拖延，减轻了高校创业教育和企业家精神培养者的负担，增强了高校创业教育和创业精神培养的时效性，真正提高了高校创业教育和创业精神培养的效率，使高校创业教育少走弯路，节省了大量的人力与物力。

2. 信息化对高校创业教育主客体的消极影响

（1）高校创业教育和创业精神培养权威弱化的原因，是主客体关系的变化。在信息时代，大学创业教育和创业精神培养还缺乏社会舆论的宣传，教育者在信息方面仍处于优先地位，但由于大学创业教育和创业精神培养的权威性，再加上信息时代还没有建立统一的权威中心，生存方式也不规范，每一个网络终端都可能成为中心，这种状况使任何主体和客体无法得到控制，完全处于自由状态。信息时代在给人们的生活工作带来便利的同时，也给国家、社会、个人等带来新的挑战。人的主体性普遍增强的同时，也使在封闭条件下确立起来的高校创业教育和创业精神培养的权威受到挑战。

（2）由于主体和对象之间的关系改变，高校创业教育和创业精神发展目标更复杂，使大学系统性创业教育和创业精神培养的实现受阻。在信息时代之前，大学创业教育及创业精神培养的时间和地点较为固定，受教育对象也是同定的，教育主体对教育客体的思想状况、学习成绩、品质表现、性格特征等了解比较全面，各项工作比较熟悉，受教育者工作也比较好做，各种教育具有针对性，能够做到有的放矢。在信息时代下，虚拟世界中人们的思想和行为，给高校创业教育者提出了考验：一方面，教育对象的年龄、学历、性别等难以掌握；另一方面，人们在虚拟空间中的爱好、兴趣不一定全部真实，高校创业教育和企业家精神培养难以在虚拟空间中实现，一定程度上弱化了高校创业教育和企业家精神培养的效果。

（二）信息化对高校创业教育介质的影响

1. 信息化对高校创业教育介质的积极影响

在信息化背景下，由于时空限制，人们在长期生活、工作中形成以标准的思维方式判断“真与假”“是与非”，而创业教育和创业精神培养作为一项教育创新实践活动在高校中生存和发展，也形成与之相对应的学科模式。信息时代是一个交互式的、三维动态的、创造性的和个性化很强的时代，拓展了人们的思维方式，开阔了高校创业教育和创业精神培养学科思维的视野，促使人们从封闭向开放发展、从静态向动态迈进，在激活人的创造性思维的同时，为高校创业教育和创业精神的培养提供了展示大学生风采的广阔天地。

2. 信息化对高校创业教育介质的消极影响

在高校创业教育和企业家精神培养中，要把人们的思想和行为引导到现实中，尤其是引导到创业教育中困难较多。信息时代带来的虚拟思维，影响着高校创业教育和创业精神的培养。已形成的相对封闭的思维模式，使以传统思维方式维系的高校创业教育和创业精神培养的有效性受到很大影响。信息获取的便利性、共享性、快捷性等特点，使得人们的日常生活更加丰富多彩，从生活到旅游、从网购到网聊等，在一定程度上代替了人们的思考，导致人的思维日益弱化，为高校创业教育和创业精神培养提出了新的课题。

（三）信息化对高校创业教育环境的影响

1. 信息化对高校创业教育环境的积极影响

信息化给人们带来了更多的开放性选择和自由，高校创业教育和创业精神的培养，使学生能够相对自觉地接受高校创业教育。

2. 信息化对高校创业教育环境的消极影响

信息时代对人的价值观和意识文化产生影响，使高校创业教育和创业精神培养所宣传与倡导的正能量受到冲击，人的价值观念和意识形态也受到影响和挑战，出现高校创业教育和创业精神培养的思想困境。

在进入信息时代之前，人们主要是通过图书、期刊、广播等获取信息；进入信息时代后，各种信息在网络上传播。高校创业教育和创业精神培养系统化数据与非高校创业教育和创业精神培养的系统化数据共同存在，使高校创业教育和创业精神培养的生存环境变得复杂，对创业教育思想及创业精神的传播造成一定困扰。

二、基于大数据时代的高校创业教育信息化管理体系构建

基于大数据时代的高校创业教育信息化管理体系构建，有助于提升创业教育的质量和效果，提高资源利用效率，促进创新创业生态的形成，并为决策者提供数据支持，实现创业教育的持续改进和优化。这对于培养创新创业人才、推动经济发展和社会进步具有重要意义。

（一）高校创业教育信息化管理体系构建的原则

第一，主体性原则。在创业教育模式中，学生具有主体作用。主体性原则需要教师在教学中，以学生为主体，给学生一定的学习空间，因材施教，不断发掘不同学生身上的闪光点，让每个学生的自身优势获得发展，并促进学生自我发展意识的强化。

第二，创新性原则。当今社会，对于每一个人的创新性都提出了更高要求。具有创造力的人更能够适应当今社会的需要，也能够让学习和生活变得更有意义。因此，创新教育旨在通过对学生不断引导，培养学生在生活和学习各个方面的创新精神。创业教育也必须

注重创新精神的培养，在激发创造力的同时，为创业打下坚实基础。

第三，差异化原则。差异化存在于每一个学生个体之间，个性化的教育能够在创业教育中充分体现出来，根据个性化特点，知晓学生个体发展中存在的差异性，让大学生能够认清自我，同时充分了解自己的个性特点，以便进行自我选择。高校则需要不断地与学生交流，了解学生关于自主创业的想法，再根据不同的专业背景以及不同的个人兴趣，开展相应的创业教育活动。

第四，全面性原则。全面性体现在创业教育的目标以及各个环节。创业教学有相应的教学目标和原则，在其指导下的创业教育模式，能够把教学方法、教学内容以及教学成果等结合起来。该模式也需要出现在创业教育的每个环节中，例如对教育目标的设定、创建教育模式的原则、教学的结构与内容安排、教学对象等，都应该存在于该模式中，体现出创业教育的全面性原则。

第五，实践性原则。实践在所有的教育中都是十分重要的环节，在创业教育中也不例外。相较于其他环节，实践环节在该模式中更为重要。因为创业教育必须结合实际，要求进行创业教育的教师也需要具备相应的实践创业经验，通过教学实践特点，教师可以鼓励学生积极参加创业活动，在实践中不断提高自己的创业能力。

（二）高校创业教育信息化管理体系构建的特性

第一，丰富性。因为互联网的发展，教师可以通过在线课程弥补传统课程教学带来的弊端，极大地丰富了教学内容；高校则通过丰富的课程资源，为具有不同兴趣的学生创造出创业教育的相应课程，不仅能够针对每一个学生的兴趣爱好开展有方向性的培养，也能够提升创业课程的丰富程度，让创业课程的在线教育模式发挥优势。同时，增加讲座等课程，通过与互联网的结合，为学生提供更加丰富多彩的创业活动。

第二，灵活性。创业教育具有一定的灵活性，而信息化则能够为创业教育提供便利的条件，通过区别于传统课堂的授课模式，创业教育的在线课程成为其核心内容。由于不同于传统课堂，教师授课时不能及时对上课纪律进行管理，因此对创业教育的课程内容提出了更高要求。授课内容需要能够引起学生的兴趣，让他们不在环境监督下，也能喜爱课堂内容。这种兴趣还体现出创业课程的灵活性，学生可以根据兴趣爱好，找到相应的教学内容以及授课教师。这种灵活的自我选择，能够真正做到让学生自主决定自己的创业方向，根据个人的薄弱环节，做到按需学习。

第三，实践性。创业教育在某种程度上来讲，也是一种实践教育。因为在高校的教育培养中，对于有关创业教育理论知识的教学不能止步于理论，更要注重实践性。高校可以与可提供实践场地的政府、企业等多方进行合作交流，达成可供学生实践交流的深度合作。另外，传统教育在创业方面组织开展的比赛和讲座，也可以申请相关政府部门进行资金上的支持，或与相关企业搭建教育实践基地，多方培养专业化人才，在提升高校大学生创业实践能力的同时，也能够为社会提供更高质量的创业人才。

（三）高校创业教育信息化管理体系构建的流程

1. 高校创业教育信息化管理理念的构建

高校创业教育模式中的任何一个环节，都有着统一的教育目标，是为了更好地实现创业教育理念。在进行该模式教育的同时，首先需要确保树立起正确的、科学的教育理念，为培养高素质的创业人才而努力。目前的传统教育模式不能很好地激发创业热情，如果不及时调整，适应互联网背景，会增加大学生的就业压力，对此，应该做到以下方面：

（1）高校应该在创业教育模式中树立起正确的教育理念，通过树立正确意识，制定目标和分阶段目标。新的模式也对教师和学生的新观念提出了新的要求，要求教师在注重对学生创业观念的培养中，将创业教育最重要的理念植入教学中，使大学生的综合素质实力不断增强。

（2）总目标和分层目标能够更好地帮助高校创业教育有效、有目的地实施。高校需要明确创业人才培养目的，总体目标能够确定创业教育的走向。同时，需要围绕创业人才的培养理念和素质教育的理念进行实践。与传统的教育模式相比，创业教育存在特殊性，但是教育理念及对人才的培养都与其他高校相一致。因此，创业教育必须注重人才培养模式的融入，使大学生能够在新的模式下适应社会经济变化，也能够适应互联网时代变化。

高校设立创业教育并不是让所有的大学生都学会创业、管理和经营属于自己的一家公司，创业教育想要达到的目的是能够提升大学生的综合素质能力，让他们在今后的职业工作岗位选择中拥有更多的选择权。

2. 高校创业教育信息化师资队伍的构建

师资力量对于创业教育而言十分重要，不仅是成功开展创业教育的坚实基础，也是创业教育方面最重要的力量源泉。开展创业教育时，可以采用教师的选拔或者在社会中聘请优秀的、可作为兼职教师的创业家，定期对学生进行创业教育相关培训课程，通过外援力量，加强师资队伍的专业性。高校如果要成功开展创业教育，必须打造一支既具有专业知识理论，也具有优秀实践创业经验并受过专业培训、能够担任合格教师的师资队伍。

（1）高校要确保创业教育方面的教师质量，采用专业严格的招聘管理机制，聘用适当的专业人才，在课堂教学中让学生掌握专业的理论知识。

（2）高校可以借助互联网技术，聘用在线课堂的专业教师。这些教师可以是有创业经验的人，同时需要具有基本的教育能力。他们可以担任部分选修课的教师，也能够担任学校开办创业主题讲座的专家，为学生拓展课堂之外更多有关创业方面的知识和眼界。

（3）高校可以与社会各个方面的人才进行合作，组成具有实践经验和管理经验的兼职师资队伍。他们可以是成功的企业家、投资家、咨询师或者是创业理论方面的专家和管理者等，能够更好地与校内的教师团队相结合，组成一支理论知识强，又有丰富的创业经验和能力的师资团队。兼职教师队伍能够就学生课堂之外的创业主题开展讲座，并完成部分选修课的授课，让学生除了掌握理论创业知识，还能够得到更加丰富的实践指导。

3. 高校创业教育信息化课程体系的构建

在网络技术和信息技术普及的背景下，高校创业教育需要因势而变。这一变化具体体现在课程体系中，包含学科和实践两大部分。其中，学科课程主要学习基本的科学文化知识，有关创业的相关知识也要贯穿其中，为学生的创业奠定坚实的专业理论知识。学科课程在教学中，一般以必修和选修的形式存在。

（1）必修课

必修课是高校学生在校期间必须修习的课程，一般以课堂教学方式存在，是每个大学生必须学习的内容。创业教育必修课以传授创业知识、塑造创业健康心理、提升创业者素质、培养创业意识为目标，要求每个大学生必须学习，通常包括公共课、基础课和专业课。课程开设主要有以下四个方向：

第一，创业意识课程。在当前鼓励“双创”的社会环境下，大学生创业热情日渐高涨，创业是实现个人人生价值的重要途径。然而，并不是每个人都是天生的创业者，大学生的创业更需要正确引导。高校要为大学生开设相关课程，让他们尽早确定自己的职业发展路径。对有创业兴趣的大学生，可以重点培养，鼓励他们继续深入学习和研究；对犹豫不定者，可以进行创业意识、创业兴趣、创业困境和个人职业观等有指向性的培养。要注重培养大学生如商机挖掘、风险估计与预防、投入与成本等方面的意识，培养他们的创新精神、集体荣誉感、社会责任感等，形成对“创业”全面、科学、清晰的认识。

第二，创业心理学课程。健康积极的心理素质是创业者必备条件之一，其特质包括认真负责的态度、稳定平和的心态、不懈追求的精神、吃苦抗压的耐力，以及团队协作、处理突发状况等能力。除此之外，还需要大学生创业者有民族自豪感；要热爱祖国、热爱生活、热爱事业；要养成终身学习的习惯；要培养家庭责任感，也要爱护亲朋。创业心理学课会全方位地培养和提高大学生以上各方面素质，在此基础上，还会对有自卑、依赖或者其他存在明显性格缺陷的大学生给予特殊帮助，帮助他们克服心理障碍，完善他们作为未来创业者所具备的心理特质。

第三，创业基础课程。创业教育除了要有专业知识之外，还要包含《公共英语》《计算机概论》《思想道德修养与法律基础》《中国近代史纲要》等公共课。基础课是高校在进行课程设计时，依据专业特点设置的针对性课程，一般将与创业有关的知识融入基础课程中，如经济学、管理学、财务管理、计算机技术、法律法规等。

第四，创业素质课程。创业素质课程有别于创业心理课程，前者可以通过后天强化训练获得，相同点都是大学生创业者必备的素质。在创业素质课程中，高校需要针对创业需要的品质或素养设置一系列课程，在课程教授过程中，创业规划是大学生可以参照对标、查漏补缺，对自身，如自信、自立、自强等品质方面进行培养和提升。

（2）选修课

创业教育选修课是专门为有明确创业意向的学生所开设的，是必修课的延展和深化，是大学生进一步掌握创业知识的重要途径。选修课以提高大学生在创业实践中分析和解决问题的能力为目标，不同基础的学生可以根据自身优势和兴趣，自由选择需要修习的课程。选修课为大学生的个性发展提供了多种可能性，同时对高校教学方案、硬软件设施等提出了更高要求。全方位、多层次、多样化的课程会促使不同创业需求的学生学习，还可以将现代智能设备引入创业课堂中，通过线上与线下课程相结合的方式，打破时空限制，从而达到最佳的学习效果。面对有明确创业意向的大学生，学校除了为他们提供充足的校内资源和机会之外，还可以通过互联网调配资源，以开放式网课的形式服务大学生。为此，高校可开设以下选修课：

第一，创业技能课。创业技能课主要以解决创业过程中的实际问题为目标，一般包括生产过程中需要的商机洞察力、品牌打造力、资源调配力、网络技术等，经营过程中需要的财务管理、数据运营、整合人力与物力资源的能力、学习能力等实用技能。同时，选修课要因专业而设，专业不同，选修课选择的范围也应该不同，学生可以根据个人兴趣和爱好，自主选择课程。

第二，创业指导课。创业指导课是从宏观上提高大学生素养的课程，与传统就业指导课紧密联系，高校可将两者结合，渗透到整个大学生活中。创业指导课的开展形式灵活多样，线上或者线下课程均可采用，网课和课堂教学也可以结合开设。

除此之外，高校创业教育课程体系中的实践课也不容小觑。因为创业教育与专业教育不同，创业教育主要以大学生亲身参加创业过程、提高职业竞争力为目标，以实践性强为主要特征。

创业教育模式的方式之一是实践课程，具体包括两个方面：一是模拟实践。大学生在虚拟空间中利用现代模拟技术，虚拟自己的创业项目或者公司，在互联网的环境下感受商业运营、项目实施过程等。在模拟实践过程中，大学生要参与选择项目、筹备资金、确定团队、市场开发、协调资源、日常运营等环节，全方位、立体化地体会创业全流程。二是创业实践。高校利用学校实验室、实践基地、孵化基地、校企合作平台等开展创业实践课程。在实践课程学习中，学生将理论知识融会贯通后加以应用，不仅可以深化理论知识的学习，还可以让大学生更真实地体验创业过程，感受创业带来的价值感。

4. 高校创业教育信息化课堂教学的构建

信息技术普及背景下的高校创业教育也应当与时俱进，具体体现在课堂教学方式的转变和教学管理体制的完善等方面。

（1）在创业课堂教学中，要改变以教师教为中心的传统模式。在课程实施中，教师应该给学生以表现和发展的空间，将学生放在主体地位，让他们做课堂的主人；要注意创设良好的师生交流互动氛围，以此激发学生的创造力、创新力；学生则应该以创新学习为追求目标，主动出击，学会如何学习，关注如何达到最佳学习效果等问题。

（2）在管理体制方面，要改变传统以成绩论成败的单一评价标准。高校要为学生制定多形式、多层次、多方位的考核机制，要在创业教育中体现互联网思维，全面、客观地评价学生在线上课程中的表现。综合实践课是学生综合素质的表现，学生的商业思维、市场敏感度、社会责任感、解决实际问题的能力、对实践项目的完成度等，都应该是考核的维度。因此，高校创业教育信息化课堂的管理体制要不断转变、不断完善。

5. 高校创业教育信息化校内外环境的构建

创业教育信息化需要在一定的“土壤”中成长，高校要为其不断发展和完善创造优良、和谐的校内外环境。

（1）在高校内，高校可以主持举办创业大赛、创业主题活动、网络创业大赛等。除开设创业教育的线上和线下课，还需要将创业教育工作纳入学校日常工作中，如设立专门的创业咨询服务、搭建优质的创业平台、指导制定创业教育实施办法、牵头创业活动举办、监督创业教育教学等，协调各种创业资源，实现创业教育最优的发展路径。

（2）在高校外，高校要尽可能与实力雄厚的企业达成合作，将学生的实践活动搬到真实的企业生产线上，让学生全面、深入地了解企业生产和经营流程，使他们的实践活动更有效，这也是高校创业教育模式转变的重要方式。

总而言之，和谐、优良、有创造性的校内外环境，有利于大学生创业思维的发展。对此，高校应该承担起应尽的责任，为大学生营造创业氛围，保障创业教育的顺利实施。

（四）高校创业教育信息化管理体系的构建策略

1. 完善高校创业教育的宏观环境

“双创”环境下，国家、社会以及高校都更加鼓励大学生创业。在孵化基地实践的大学生可以等同于参加创业学习，参与孵化基地实践的时间，可按照相关规定转化为创业教育的学分。如大学生想保留学籍创业，高校可允许其调整学业进程，按照规定给予学生一定的休学时长，实行弹性学制。要推动高校关于创业基础、创业指导等课程的开展，应设立专项基金，保障创业教育课程的实施。

国家大力支持“双创”，在政策制定上体现出对大学生创业的支持。越来越多的政策、文件出台，以文本形式将创业教育的权利固定下来，为高校创业教育奠定牢固的政治基础，同时也是创业教育其他环节实施的重要保障。因此，高校应当行动起来，将国家、政府的政策落到实处，渗透到大学生的日常学习中，激发他们内在的创业热情与欲望。与此同时，有关创业教育的政策也应当随着经济、社会的发展而不断完善，这也是时代信息发展对创业教育提出的内在要求。

2. 坚持高校创业教育的顶层设计

高校是创业教育工作实施的核心组织，作为高校领导，要认识到创业教育的重要性，要从顶层设计上重视起来。在具体工作中，建议设立校级的创业教育管理部门，由学校一把手总负责，主持学校教学、教研、财务、设备等实务，实行个人负责制，各院系教学、科研、学工部、党团委等部门都加入，齐心协力支持大学生创业教育。

在实施过程中，学校主管领导负责制订总方案，具体工作要监督分管负责人落实，创业教学教师和教务管理人员要各司其职，有创业意向的大学生要积极参与。由此形成自上而下的创业管理机制，全方位的监督机制，进而推进高校创业教育总体向前发展。

3. 转变高校与家庭的创业教育观

（1）转变高校的创业教育观念

社会在快速发展，社会对人才的需求也在不断变化，高校教育应该和社会发展步伐相一致。高校应该转变教育观念，创新教育思路，将素质教育作为创业核心。

高校教育培养技能是一方面，培养创新思维和习惯方法是另一方面。高校教育应该帮助学生树立正确的择业观念，培养学生动态化的就业观念，在专业静态就业环境下，培养创业思想观念，为学生未来的就业和创业提供更多选择。换言之，高校转变教育观念时，应该从传统的教育观念转变为培养复合型人才的教育观念。

对社会未来人才的培养应该是多方面、多角度的，应改变以往单一性人才的培养方式，解决以往人才意识单一、思维固化、只能适应某一特定专业需求的特点，应该将人才培养成全面发展、基础扎实、思维灵活、适合多种专业的创新型人才。高校的教育理念不能局限于知识和技能，更应该注重理念和创新意识的培养，培养学生适应各种专业工作的能力。

以往社会多需求某一特定专业的人才，是因为当时社会劳动力紧缺，教育为了给社会提供更多的劳动力，主要培养的是某一专业人才。但是，当今社会需要的是能够进行工作创新、具有工作能动性的人才。所以，高等学校教育需要转变教育观念，适应社会人才需求，形成新的人才培养模式。从某种程度来讲，建成新的培养机制，需要展开新的教育形式，创造新的教育基础。例如，为了适应社会发展，应该进行创新，教育创新机制的形成就是以创新教育为基础，而在进行教育方式改革之前，要转变教育理念，转变理念才能改变教育现状，才能形成新的培养机制。

高校以专业进行分门别类的培养，培养方式主要是课堂教学，在这样的教育环境下，学生形成一种以专业为终身职业的认知，但世界是变化的，对人才的需求也是变化的，尤其是科技的发展取代了机械性的人力工作职位。对此要求人们形成变化的思维模式，具备动态化的工作能力，也要求学校进行创新教育，改变教育模式，既传播理论知识，也通过实践培养大学生的创造能力，通过实践提升大学生的综合水平，为大学生未来步入社会夯实基础。

高校转变教育模式，需要突破以往的培养模式，打造新的就业模式，形成正确的就业观念。高等教育应该紧跟时代发展步伐，及时改变教育模式，更好地满足社会和人才的发展需求，帮助学生更好地实现人生梦想，也为中国梦的实现、中华民族的伟大复兴输送更多优秀的人才。

创业教育的本质是创新，只有形成创新意识、具备创新能力，才能满足创业教育的基本需求。创业教育是高校前所未有的尝试，无论是教育方法还是教育功能，都与传统教育形式不同，是从本质上展开的革新。创业教育的主要目的是培养学生的创新意识、创业意识，形成创意思维，获得创业技能，全面综合地培养教育人才，使人才可以进行创新创造。

大学生创业，需要自身具备自主性，思想上自信、坚定、果断，品德上勤劳、诚信，思维上创新、创造，只有这样，才能成为合格的创业者。除此之外，还要通过实践培养大学生对问题的分析、研究和解决能力。为了实现对人才的创新培养，学校应该形成有效体制，切实推进创业教育相关工作，明确创业教育的重要作用，在学校内形成促进创新创业的良好氛围，形成上下合力，推进创新创业教育在大学的实际开展和应用，为国家培养新型的创业人才。

（2）转变家庭的创业教育观念

人们从小受到家庭环境的影响，这种影响是深刻的，甚至是终身的。家庭影响主要体现在心理素质、品质、人格方面，是社会教育无法达到的。家庭教育是一个人的人格、品德方面最重要的来源。父母的行为、话语、对待事物的态度、待人接物的方式，都会影响儿童人格和品德的形成，换言之，家长的行为对学生的成长起到一定示范作用。所以，在学生成长和培养过程中，家长和学校应该为学生做出良好示范，对此可以从以下方面着手：

第一，家校之间应该进行有效沟通。无论是家长还是学校，都应该对学生进行全面了解，才能展开有效教育。家长不能依赖学校进行全部教育，应该配合学校，共同挖掘学生的潜能，只有这样，才能培养他们创新创造的意识。培养创业精神，需要从小让学生形成艰苦奋斗、勇于尝试的人生态度，为学生创业精神的形成打好基础。

第二，如果学校条件允许，应该定期组织家长交流会，促进家长之间的思想交流。家长交流会有助于家长了解并且接受创业教育的形式，学校通过举例的方式，帮助家长认识创业的优点和可能出现的风险，引导家长接受创业教育模式，通过家庭和学校共同努力，完成创业教育的实施。

第三，家长应该为学生的发展提供精神上的鼓励和意愿上的尊重。为了学生更好地发展，家长应该培养他们的实践能力，鼓励他们参加创业比赛和社会实践，有助于培养他们的动手能力、环境应变能力和思维能力、解决问题的能力、勇于挑战困难的能力等。

4. 营造健全的学生创业教育环境

（1）营造浓厚的校园创业文化氛围

校园创业文化是高校师生开创事业的思想意识形态。校园创业文化氛围的营造，对创业教育的发展具有巨大的影响力，需要所有师生共同参与。高校可以通过开展不同的活动方式，如创业讲座、研讨会和模拟活动等，激发学生的创业兴趣，培养学生的创业意识，提高学生的创业素质和能力。其中，创业能力应该从实践中得到提升，对此，高校需要经常举办创业类竞赛活动，制定有助于学生展开创业的制度，搭建创业服务平台，设立学生创业基金，为大学生实现自主创业提供保障，让大学生学会通过创业，将自身的创新成果和智力成果转化为有形的财富。

相比于校外的创业环境，校内的创业市场更有利于大学生进行创业锻炼，原因在于大学生对校园内部的各种情况非常熟悉，了解如何利用学校现有的教育资源，而且学校能够为大学生的创业教育提供多方面支持，例如，学校设立创业基金、创建创业示范基地等，大学生不会受到创业资金筹集和创业场所建设等问题困扰。同时，在学生遇到各种创业难题时，专业的辅导教师也会给予指导。

资金筹集是大学生创业过程中必然存在且需要解决的难题。为解决此类问题，高校可以设立专项资金，创建风险基金管理机构。针对大学生设立的创业项目，聘请专家进行评审，筛选出符合条件的创业项目，定期监控每个创业项目的进展情况，针对出现异常的创业经营状况，需要及时改进和调整，使创业风险降至最低，确保资金的顺利回收和循环利用。

高校要充分发挥自身的职能作用，利用现有的一切资源，尤其是信息资源和人力资源，应用先进的信息技术，建立创业服务网站，收集有关创业信息，并对信息进行统计和分析，为大学生的创业以及就业提供信息服务。除此之外，学校还要加强创业宣传力度，营造良好的校园创业氛围，通过创业成功案例的讲解以及宣传工具的利用，将创业精神发扬光大，调动学生的创业动力，引导学生积极参与创业活动。

（2）营造积极的社会创业氛围

积极的社会创业氛围有利于创业教育的发展。在创业教育过程中，学校作为主体之一，具有主导性的教育作用。然而，创业教育的展开与实施只依靠学校是难以完成的，还需要社会各界力量。例如，政府能够为创业教育提供政策和资金等方面的支持，相关培训机构能够为创业教育提供指导和咨询等服务。

社会创业氛围的营造是创业教育良好发展的推动力，这种推动力并不是显而易见的，而是潜移默化的。高校需要营造浓郁的创业氛围，应不断普及有关创业的理论知识，让大学生深刻认识到创业的重要性，并针对教育资源进行优化和配置，实现对大学生的创业教育。此外，高校要支持致力于创业领域的辅导教师或科研人员，通过提高经费额度等激励方式，调动他们对创业教育的动力，保持他们对创业教育的热爱。高校可以设立专业的创业教育管理机构，创建创业教育服务网站，定期举办有关创业的研讨活动，鼓励学生踊跃发言，主动分享自己对创业的想法和意见。高校还可以定期组织大学生参加创业公司的实习活动，加深大学生对创业的了解，提前体验创业公司的工作氛围。更重要的是，提高学生的实践能力和创业素质，打破学生对创业就业所形成的传统观念。

高校开展创业教育需要社会各行各业的支持。作为政府，要充分发挥自身职能，除了为创业教育提供政策和资金支持之外，还要号召社会其他机构积极参与到创业教育过程中，帮助和指导大学生顺利地展开创业活动，并为大学生创业提供人力和技术等服务。作为学生家长，要培养孩子持之以恒、永不言败的创业精神，适当地给予鼓励和支持，提高他们的主观能动性和创业自信心。

（3）建立完善的创业组织机构

各高校要统一创业教育思想理念，建立健全创业教育保障机制，设立创业教育组织机构，保障创业教育工作顺利展开与实施。此外，各高校还要设立监督和考核机构，定期监管每个部门的工作情况，同时给予相应的指导和帮助。作为创业教育的领导者，要根据学校的发展情况，制定创业教育政策，改进和完善创业教育体系，通过培训服务和激励措施，加强创业教育师资队伍的建设，建立健全创业组织机构，设立大学生创业服务平台。以上都是大学生创业道路上的有力武器和坚强后盾。

5. 加大高校创业教育的经费投入

高校创业教育要顺利开展，必须保证充足的经费投入，具体包括政府拨款、企业或社会组织赞助、个人出资或高校专项基金等。资金投入以保障大学生创业教育、创业计划的顺利实施为目标，具体用于高校开展创业大赛、创业活动，孵化基地运营经费投入、大学生创业项目支持等。只有在各方经费的投资前提下，高校大学生才能在创业实践中实施自己的创业计划，如参与孵化基地活动、高校创业大赛，进行市场调查、创业培训、项目实施等一系列工作。

值得重视的是，为了创业教育的顺利开展，要将创业经费的使用限定在高校监管范围内，如设立专门的基金管理处等。社会各界和学校为大学生创业提供的资金帮助是善意的，如何避免经费滥用、如何让更少的钱发挥出最大的功效尤其重要。对此，需要高校拓宽思路，优化资金配置，把资金用在刀刃上，让更多的大学生得以受益。有创业意向的大学生和高校还可以主动出击，依托机构推广他们的创业项目，让项目与企业生产无缝衔接，从源头上拉动大学生创业链条。

6. 借助社会资源提供创业教育服务

大学生是未来社会发展的中坚力量，政府、社会各界、高校应该盘活各种资源，为大学生创业提供支持和服务。例如，高校可以和企业合作，为学生提供创业的实践活动和场所；企业可以将大学生的就业与企业的人才招聘对接，提前培养大学生的社会实践能力、职场适应能力等。与此同时，高校还应当主动承担起保障大学生合法权益的责任，主动与社会保障等相关部门协调，为大学生创业开通绿色通道，并且构建完备的服务体系，让有志于创业的大学生能够得到及时、专业、全面的指导。高校创业教育只有在各方共同努力下，才能顺利开展，大学生的创业之路才会顺畅，社会发展才可以迈向更高的台阶。

第三节　基于大数据时代的高校行政教育管理模式

一、高校行政教育管理的体系认知

高校行政教育管理“主要是高等学校为了实现学校教育工作的目标，依靠一定的机构和制度，采用一定的措施和手段，发挥管理和行政的职能，带领和引导师生员工充分利用各项资源，有效地完成学校的工作任务，实现预定目标的组织活动”①。高校行政教育管理对教学和科研活动都具有辅助性的作用，是高校正常运行与发展的必不可少的部分。

（一）高校行政教育管理的作用

各高校得以进行教育和科学研究的首要条件就是高校行政教育管理的实施，而各高校的行政教育管理在其管理体系中起着最基础的作用，在管理系统中，最为突出的就是指导调节和约束功能。如果将各高校的教育行政管理剔除，就会导致各高校在教育职能中出现很多问题，教学和科学研究也没法正常进行，各种工作会停滞，整个高校将会出现教学质量下降、科研成果减少等一系列的问题。所以我们要保障好、协调好、激励好高校行政教育管理的发展与改革。

第一，各高校的行政教育管理工作的保障性，主要表现在高校行政管理的服务性功能上。各高校的行政管理工作涉及整个高校的运转，几乎各高校的所有事宜都离不开行政管理。即使是一件微不足道的事情，如果管理上出现问题，也会导致全局出现问题，进而阻碍工作的进展，降低工作效率。所以，要想切实地保障各高校的行政管理的发展与改革，对于各高校的行政管理工作来讲，就是要积极地发挥好其服务性的功能，将它的服务性功能运用到工作中，处理好各种关系。

第二，各高校的最主要目标就是为国家培养人才，而高校必须通过对大学生进行教学、管理和服务来实现这一目标。高校对大学生进行教学、管理和服务，离不开高校各部门的协调运转，各部门之间由于具有较大的差异性，难免出现各种不协调的情况。这时各高校的行政管理部门就要切实地发挥自己的作用，认真处理好各部门之间的关系。各高校的行政管理人员，在其行政工作中，一定要树立教学和科研服务的理念，把高校的行政教育管理工作做到位，最终实现高校行政管理水平的提高。

① 王琪．高校人力资源管理与行政改革研究［M］．北京：北京工业大学出版社，2018：125.

第三，关于激励各大高校进行行政教育管理的发展与改革，首先，国家要给予大力的支持，做各高校强劲的后盾；其次，各高校自身也要做好宣传工作，使教职工和学生支持行政管理工作。

对于各高校的行政教育管理工作来讲，它的最大作用就在于监督和检查学校内部各部门及其员工的工作情况。各高校的行政管理工作在一定程度上，应将绩效考评加入其中，这样才能提高管理工作的效率。

（二）高校行政教育管理的内容

高校的行政教育管理内容主要包括以下三方面：

1. 协调好学术人员与行政人员之间的关系

各高校在行政教育管理上，存在着许多的问题，最为突出的是高校中的行政权力和学术权力之间的关系问题。各高校的行政管理人员要想充分地解决此问题，就要对各高校的行政人员和学术人员进行剖析，妥善地处理好行政管理的高层和执行人员与教师、教授和学生之间的关系。

2. 协调好部门与其功能之间的关系

协调好部门与其功能之间的关系是高校做好行政教育管理的关键。各高校一定要注意这个问题：各高校的行政管理部门的功能不能重复，功能的制定要具有科学性和合理性，功能要和他们的岗位相符合。所以要切实地处理好各行政管理部门与其功能之间的关系。

3. 协调好职员结构与改革管理之间的关系

协调好高校的职员结构与改革管理之间的关系，通常就是对高校的行政管理人员和改革管理的具体措施进行深入的了解。各高校的行政管理改革，通常离不开对行政管理人员队伍进行改革。如果行政管理人员的队伍过于庞大，在管理中，就会出现很多的问题，甚至出现管理停滞的现象。所以，整个高校的行政管理队伍结构越精练，职能分配越清楚，行政教育管理就越能达到预期的效果，就越能激发行政管理人员的斗志。

（三）高校行政教育管理的职能

高校的行政教育管理职能可以大体分为统治职能、社会服务职能和社会管理职能。

第一，统治职能。各高校的行政教育管理的统治职能是，各高校要以国家下发的各项教育方针政策为依据来进行教学。

第二，社会服务职能。社会服务职能体现在，行政管理组织按照各项规章制度来组织高校的非行政人员进行教学和科研研究等行为。行政管理人员要处理好各种问题，全方位地使高校的各个教职工都能在自己的岗位上勤劳奋斗和爱岗敬业，最后实现高校的预期目标。

第三，社会管理职能。社会管理职能主要表现在，行政管理人员通过履行具体的管理职责，能够对高校的教职工进行正确的规范性的指导。

上述职能的决定性对于我国各高校在教学和科研方面起到重要的作用。各高校的行政教育管理职能能对各高校的教学起到保障作用，所以要在拥护高校行政教育管理职能的基础上，随着社会的发展和变化不断地完善与创新各高校的行政教育管理职能，只有这样各高校的教育水平才能得到提高。

（四）高校行政教育管理的机制

要想充分地发挥高校的行政教育管理职能，首要问题就是要不断地对运行机制进行创新和改革。这就要求各高校要有一个良好的运行机制来对其工作进行保障，这样才能够使各高校的行政管理人员得以安稳地工作，才能更好调动行政人员的积极性。总体而言，高校的行政教育管理运行机制包括决策机制、竞争机制和动力机制三点。

第一，决策机制。高校要做到科学与民主的统一。高校只有拥有良好的决策机制，做好科学与民主的统一，方能在行政管理过程中做出最合适的行政决策，才能最大限度地保障高校行政教育管理的合理运行。

第二，竞争机制。竞争机制是各高校行政教育管理机制中的一个必不可缺的重要机制，而竞争机制的建立，主要体现在教学水平和高校师资队伍的管理上，体现在教学与科学研究上，后勤保障等方面也有明显的体现。市场经济的重要法则之一就是竞争。高校行政管理引入竞争机制，对于行政管理人员的创造性和主观能动性的发挥起到了重要的督促作用，这有利于提高高校行政管理工作的效率。

第三，动力机制。高校行政教育管理的动力机制，包括其内在的吸引力、外界的压力与吸引力。其中吸引力包含了各高校在其硬件设备上对外界的吸引力因素，包括各高校的办学条件、校园环境、办学历史和学术氛围等。各高校只有具备了吸引力，才能形成能动力和向心力。就目前的各高校现状来讲，各高校的行政管理人员和教职工的价值观是各个高校在前进上的动力所在。有着良好的内在动力，方能使他们保持一个良好的工作状态。外界的压力主要包含高校在社会上的口碑、国家对其的重视程度、各高校的教育目标，等等。

二、高校行政教育管理改革及其措施

（一）高校行政教育管理改革的需要

第一，高校提高自主办学能力的需要。我国目前的高等教育行政教育管理体制受以前的计划经济体制的影响较大，在进行行政管理时，任何事物，不论大小，都要接受统一的管理，长此以往，就会严重限制高校办学的自主性。为了提高高校的自主办学能力，使其得到更好的发展，就需要对高等教育行政管理体制进行改革，划清权限范围，给予学校适当的办学自主权。

第二，高校培养浓厚学术氛围的需要。高校本身就是为国家培养人才，进行学术研究、科学发明的地方，为了保证高校办学的纯洁性，为国家输送更高质量的人才，就需要对现在的高等教育行政教育管理体制进行改革，营造浓厚的学术氛围。

第三，高校适应市场经济发展的需要。市场经济的需求，随着时间的推移不断发生变化，高校只有具备对市场变化的适应能力，才能够得以立足和稳定发展。为了使高校能够适应市场经济的发展，就要对高等教育行政教育管理体制进行改革，对其提供帮助，为我国高等教育市场化的发展提供良好的发展空间和支持。

（二）高校行政教育管理改革的依据

以发展为主题，以结构调整为主线，以政府部门放权和管理体制创新为动力，以提高办学质量为出发点是当下高等教育改革的主要特征。高等教育体制和运行机制正从适应计划经济转变为适应市场经济，资源配置正从政府主导型的计划配置转变为政府在宏观指导下让市场发挥调节作用；教育政策越来越体现公平与效率的统一；人才培养规格和模式日益多样化；教育在促进思想道德观念更新、社会进步方面的作用越来越大。建立现代大学制度是当前高等教育改革深化的必然要求，也是内部改革的外在动因。

随着高等教育改革重心的逐步下移，高等学校本身在改革中的地位已经越来越重要。教育的改革必定经历一个从系统的、宏观的层面转向学校层面的过程。这种转向是高等教育本身的使命和功能决定的，因为人的培养工作毕竟是由学校承担的。随着高校办学自主权的落实，高校的办学规模普遍在扩大，内部管理活动的独立性和重要性也日益显现。

高校在许多方面的权力越来越大，如学校的发展计划和目标的制定与落实；学校财政和资源的自主筹措、运作和分配；办学质量的控制；体制的创新与发展；公共关系的开拓与发展；教职员工与学生的沟通；围绕办学工作的管理与服务等重大问题上。革除高校内部的种种不适应症，建立起具有自我发展、自我约束、精简高效的内部运行机制是建立现代大学制度的微观基础，也是内部管理体制改革的目标。这是来自高校内部的直接动因。

大学作为学术性的文化机构，具有组织的一般特点，又在管理制度和管理模式上有其鲜明而复杂的特征。由于学术活动的“自然模糊性”特点，大学的组织目标很难设定得具体明确，大学也很难像一般社会组织一样严格按照理性管理原则去实现效率的最大化。这种模糊特征决定了大学的管理是追求建立一个有效率的、灵活的创新型管理制度和运行机制。这种模糊特征也表明做好大学的管理工作是相当有难度的。作为规模庞大、职能众多的知识型组织，大学的事务正变得越来越复杂。现代信息技术的发展，又极大地改变了学校管理的职能和模式。大学的管理职能已经由“传统性学术田园的守望者”转变为“创新性企业型大学的开拓者”，管理在大学的生存与发展中的作用越来越重要。加强管理，向管理要效率、要质量、要效益是高校生存发展的根本大计。

（三）高校行政教育管理改革的意义

第一，适应新的社会形势的需要。作为知识创新和高层次人才培养的重要基地，高校的社会地位在不断提升，社会影响力在不断扩大。高等教育事业迅速发展，高校间的竞争也就随之异常激烈，在我国持续发展的今天，面对新的形势和要求，管理的改革和创新已经被各大高校提上日程，而行政管理作为配置高校教学资源、人力资源等诸多有形、无形资源的核心，其改革和创新更是首当其冲。高校只有切实转变观念，更新手段，不断推进行政教育管理体制的改革和创新，才能适应新的社会形势，才能满足新时期发展的需要。

第二，保证高校的改革发展顺利进行的需要。高等教育行政教育管理体制对高校的改革发展具有保障、协调、参谋、激励等作用。高校日常运转的方方面面，若是出现纰漏很有可能关系到高校的全局工作，影响高校的改革发展。行政管理的作用就是通过服务，处理好不同部门之间的关系，通过建立完善的监督检查机制，针对不同部门和个人制定不同的督办要求，督促高校内部各个部门认真、及时完成任务，并积极向有关部门提出发展意见，促进高校各项工作的顺利进行。

第三，高等教育改革深入的必然要求。高等教育改革的深入也带来了不少新问题，行政教育管理作为高校建设的软环境，必须担负起其对教育改革顺利完成的一份责任。高校基础设施建设、师资建设、学科建设、教学改革、人才培养等各个方面，怎样扬长避短，发挥优势，是高校行政管理需要把握的方向性问题。高校若要提高办学效益，就要加强行政管理，对管理理念、技能和手段等均进行创新，实施科学的管理。

第四，高校正常运营的需要。虽然相对于高校教育、科研活动而言，行政教育管理工作在高校中是辅助性的工作，但却是不可或缺的一部分。高校行政管理主要是协调学校的行政管理领导、具体的执行人员与高校教师及学生之间的关系，高校行政管理部门服务于教学、科研等基本工作，与高校的学术管理相辅相成，共同构成高校的内部事务。同时，高校行政管理部门还是社会各界认识高校、了解高校的重要渠道。

（四）高校行政教育管理改革的目标

加速推进和全面深化我国现行的高校管理体制改革，既是当前我们所面临的一件十分重要且紧迫的任务，又是一项异常复杂和艰巨的工作。深化我国高校管理体制改革的目的在于更好地适应正在不断变革的社会经济环境，同时，也只有不断地改变各种相关的社会经济条件和环境，才能进一步深化高校管理体制改革。从当前我国各项改革的实际进程和状况来看，在实现新旧体制转轨转型的过程中，依然面临着一系列的改革难题和障碍，只有排除这些改革障碍，解决这些难题，才能实现既定的改革目标。

第一，明确各自职责，加快学校领导干部的任命机制改革。改革高校领导单一的委任制，全面实行聘任制，实行任期制。在实行聘任制的过程中，要建立相应的约束机制，选拔过程要公开，由教师代表大会、工会代表大会、教授委员会等组成考察委员会负责选拔与监督，要举行一定范围的公开答辩，接受教职员工的质询。

第二，理顺学校内部学术权力与行政权力的关系。建立教授委员会等组织，广泛吸收学术人士参与决策和管理，充分发挥高等学校的学术权力在决策管理中的作用。学术权力和行政权力在高校中都有其存在的必要性和局限性，两种权力不能互相替代。但从我国目前的高校现状来看，学术权力应处于主导地位。这不仅是因为在现行的高校结构中，行政权力居于主导地位，甚至还有掩盖学术权力的趋向，更重要的是，高校的教学、科研和社会服务，都是具有独立性和创造性特点的知识活动，并且基本上是以学科为基地展开的，只有从事这些活动的专家对于这些事物才有最权威的发言权。当然，提倡以学术权力为主导并不是不重视行政权力的作用，两者的有效整合是处理权力结构的关键。

第三，转变管理理念，树立经营学校的理念。一切改革，必须观念先行，没有观念的转变，就不可能有行动的解放。在社会大转型和大变革的时代高校必须及时调整自己的办学理念和管理理念，积极吸收借鉴先进经验，创新自己的管理思想。高校与社会日渐紧密的联系使得高校社会化的进程加快。高校投融资体制的转变，社会化办学的影响，高等教育产业的日渐深入发展，都迫切需要高校遵循教育发展规律和市场发展规律，以经营学校的理念来指导学校的管理工作，不断增强自己的办学实力，从而更好地为教学、科研服务。

第四，加快高校管理职能调整和机构改革进程。在知识经济时代，高校管理内容多样化，管理需求多元化。高校要及时调整自己的管理职能，明确哪些是自己必须管的，哪些是不必管的，哪些是可以委托管理的，从而把学校的主要精力放在学校的发展大局上，并根据自己职能的变化，适时进行相应的管理机构改革，提高管理效益和效率。

第五，加强高校人事分配制度改革。现在都讲核心竞争力，核心、竞争力这两个概念来自最新的企业管理理念，企业的竞争不仅是产品的竞争，还表现为企业群体内部群体创新能力的竞争，是人才的竞争。大学的核心竞争力在于师资，而管理则可以充分释放师资的潜能。传统的人事分配制度平均主义严重，"大锅饭"倾向突出，不利于人才才能的发挥。要通过人事分配制度改革，引进竞争机制，实现人才的合理分流与利益的合理分配，提高教职员工待遇。充分调动广大教职员工的积极性，充分发挥他们的聪明才智，形成强大的学校竞争力。在改革中，要结合高校的特殊情况和特殊地位，实行科学、合理的改革方法，可以减员增效，也可以增员增效，不能把一切负担推向社会。

人事分配制度改革是我国高等教育行政管理体制改革过程中所面临的又一个重大难题，它必然会遇到较大的改革阻力，需要我们在制定政策的过程中，走科学化、民主化、理论联系实际之路，积极、稳妥、有序地推进改革。

第六，加快高校管理方式和管理手段的转变。在高校管理对象复杂化、管理内容多样化、管理需求多元化的今天，高校要积极创新传统管理模式，引入市场管理理念和手段。要加强自身与社会的联系，尽快建立与完善高等学校与社会相互合作的有效机制。完善中介组织，发挥中介组织的作用。在当今社会中，必须依靠各种中介组织的各种功能，如桥梁作用、缓冲作用、服务作用、监督作用、资源配置作用来降低交易成本。

第七，完善高等学校内部的各项规章制度和加强组织建设。制定完善大学章程，组建教代会、工代会、教授委员会等学术组织和职工权益组织，并切实赋予相应职权，让其充分发挥作用，在重大问题上能够起决定作用。高校要加强对各系统及各组织行为的有效规范，特别是在自主权不断扩大的过程中，需要尽快建立完善的自我约束机制，在政府的宏观管理下，自身能够实现有效的管理和运行，保证各项职能充分协调地发挥。在建立相应约束机制后，规范比较健全的情况下，一些管理领域可逐步向管理工作专业化、职业化方向发展，如后勤服务工作、学生管理工作、科技服务工作等。

（五）高校行政教育管理改革的路径

第一，借助宏观调控推动高校自主办学。国家在这方面也做出了许多尝试，如批准企业和高校一起联合办学，扩大了高校自主办学的权利等。虽然高校的自主性和能力在不断地得到开发，但是有很多事情是学校控制不好的，这时就需要政府进行辅助帮忙。学校和政府之间要不断地协调和磨合，逐渐明确各自的职权范围，明确政府和高等院校之间的关系，高校要借助政府宏观调控的力量，推动自主办学能力的提高。

第二，营造浓厚的学术氛围。只有淡化高校内部的官僚之风，增强和加大对学术的重视程度及投入力度，才能够促使学者投身于学术的研究和人才的培养之中，完成高校的任务。首先，高校行政管理人员需要改变工作理念，认清自己所在职位的职务及自己需要做的工作，理解高等教育的宗旨和目的；其次，要有相对应的法律和制度规范，对领导机制以及行政管理体制的实行、行政管理人员的管理工作进行监督以保证行政管理工作的正常运行；最后，加大和增强对学术的投入力度和重视程度，把学术权力放在中心的位置，引导资深的学者参与学校的行政管理，实现重视学术的良性循环。

第三，配套相关制度，推动管理体制改革。高等教育行政管理体制的改革，只有放在良好的社会环境下才能够正常进行并取得成果，如果没有良好的改革环境，就会使行政管理体制改革的难度加大，改革受阻。因此，必须做到国家法律法规的大力支持，从国家的角度为高等教育行政管理体制的改革提供支持，在国家的范围内为改革提供保障；除此之外，在高校内部，也要根据国家的要求，结合本院校的实际情况，建立合理的行政管理体制，以及与之配套的监督机制、奖惩机制和检查机制，实现高校内部规定与国家法律制度的一致。

（六）高校行政教育管理改革的措施

1. 倡导柔性化行政管理方式

将柔性管理理论应用于高校行政教育管理，不仅能调动相关人员的积极性、主动性，还能加强行政管理者与学术人员之间的沟通与交流，促进学校管理目标的实现。倡导柔性化行政管理需要做到：一是要树立民主的管理理念，增强师生的民主参与意识，建立并完善师生参与学校管理的各种决策和咨询机构，培养广大师生的主人翁意识和责任感，注重对人的情感感化，发挥柔性管理对内心的激励作用，促进和谐校园的建设。二是要时刻关注广大师生的情感需求，保证情感的凝聚作用能够发挥得淋漓尽致。柔性管理以人为中心，以尊重、理解人为前提，以被管理者能够在融洽的氛围中主动学习、工作为宗旨。高校行政管理若是能够拥有这样的爱人之心，就一定能形成强大的亲和力和凝聚力。三是要加强各部门、人员之间的沟通与协作，形成向心力，保证高校的整体运行处在一个良好的人际关系基础之上。

2. 建构服务型行政模式，倡导以人为本

在我国高等院校内构建“服务型行政模式”是非常必要的，这就要求高校行政教育管理人员不仅要有较高的科学文化水平和丰富的行政管理经验，还要有较好的思想道德品质，只有这样，行政教育管理人员在工作中才能时刻贯彻为人民服务的宗旨，才能将学生、职工和教师的利益放在首位，才能将高校行政教育管理工作不断地推向新的高度。

3. 优化行政管理方式，确保工作效率

对高校的行政教育管理人员来讲，更多的是应该关注办学后产生的社会效果，应将之前的以传统办学条件为主的观念转变为以社会效果为主的观念。高校的行政管理工作，不能只注重表面的教学管理，还应该更加注重教学管理质量，要不断地摒弃旧的思想观念，尽快找到新的管理定位。与此同时，高校要引进内部的竞争机制，不断地优胜劣汰，根据不同的岗位来对工作人员进行考评，并采取优劳优酬的方式分配薪水和奖励，以达到优化管理方式、确保工作效率的目的。具体操作措施如下：

（1）建立考评体系，强化管理职责。在各高校的行政教育管理工作中，考核作为一个重要的管理机制，它是检验工作成果的重要手段。要想提高考核的质量，就要因地制宜地制定一个较为完善和全面的考核机制。各高校内部还要为考核评价的体系，创造一个公平、公正和公开的实行环境，这样才能使工作人员心服口服，也能为高校培养大量的在行政管理方面的人才。为了提升高校的整体实力，高校应在各部门积极配合的情况下，合理地合并或者撤销部分重复的部门，实现人员的优化配置。

（2）科学规划岗位，完善晋升制度。各高校在设置行政教育管理岗位时，首先要考虑部门的职能和工作的简易程度。此外，就是要考虑岗位与晋升的关系，高校的行政管理人员，只有在晋升的面前，才能够更好地为高校服务，发挥其主观能动性和创造性，想方设法提高自己的综合素质。只要认真地做好岗位与晋升的关系，就可以稳定行政管理队伍，促进科学管理的快速发展。各高校还应该对相应的行政岗位进行监管，以一个明确的评判标准来对各岗位进行评判或赏罚。这些评判的标准应该包含的要素为：工作目标、工作职责、工作特点、任职资格、工作权限、责任风险和核心技能等。

（3）引进激励机制，努力实现各阶层发展机会的平等。就目前高校的现状而言，可以将高校等教育行政管理体制分为两种类型，即静态型与动态型。静态型管理机制将相同的奖赏和惩罚同时运用到高校不同阶层的行政管理中去。所谓的动态管理机制，就是按照一定的评判标准，对高校行政管理人员进行评判，评判标准包括工作成绩和工作效果。从定义可以看出，动态型的管理机制，能够使高校的行政管理人员的需求得到满足，还能够激发他们的主动性和创造性。各个地方的高等院校都已经在管理机制上采用了动态的管理机制。

为了有效地保障这种动态型的管理机制，就需要量化指标，还需要有一个较好的操作环境，来对高校的行政教育管理人员进行具体的评判。以上几点还不够，还需要为他们确立一个定性指标，把目标考核与组织评议放在一起进行评判，评判的时候需要考虑全面，要考虑高校行政管理人员的岗位职责和对岗位或高校的贡献大小等一系列因素。在评判过后，实行按劳取酬、多劳多酬和优劳优酬。运行这样的岗位激励机制，才能使高校行政管理人员中的高水平人才凸显出来。对于那些没有业绩或业绩不好的，应该给予批评和惩罚，而对于那些在行政管理岗位上长时间业绩不好或业绩不明显的人应该将其淘汰，只有这样才能最大限度地优化组织结构。

4. 提升高校行政教育管理人员的素养

要进一步加强管理队伍的专业化建设，提升管理人员的素养，高校可以通过统一的院校知识培训，使行政教育管理人员具有一定的风险预见能力、应变能力、信息收集处理能力。另外，还可以建立行政教育管理人员与院校研究人员的经常性交流机制，采取论坛、讲座等方式，确保每一次交流有深度、有目标、有方向。高校在决策过程中，要吸引院校优秀研究人才参加讨论，重视他们的观点和有关设计，同时努力引导行政管理人员掌握新的服务技术，以新思路、新举措创造性地完成高校行政管理体制改革的任务。

5. 创新高校行政教育管理的技术手段

技术创新既可以加快信息传递速度，简化管理程序，缩短管理流程，提高管理效率，又可以降低信息失真的风险，增强信息的真实性、可靠性。先进的信息技术与高校行政管理的有机结合，会使行政教育管理方式和思维方式都有所改变，既能为高校带来直接的经济效益，又能增强高校的社会竞争力。高校需要通过建立各种实用数据库，提高信息的共享性、流通性，为行政管理工作提供一个科学开放的信息平台。

总而言之，高校行政教育管理体制的改革与创新并不是一朝一夕就能完成的，它是一项复杂且艰巨的任务。因此，推行行政教育管理体制的改革与创新，必须树立正确的工作目标，并长期坚持，不断思考研究，深入实践，只有这样才能科学有效地做好高校的行政教育管理工作，推动我国高等教育事业的蓬勃发展。

三、高校行政教育管理人员专业化建设

（一）高校行政教育管理人员专业化建设的意义

随着经济的逐步发展和社会进程的不断加快，我国的高等教育事业目前已经取得了很

大程度的发展，而高等教育事业的发展必然又会对高等院校的管理体制及管理机构提出更高要求。因此，在自身发展的过程中，使我国的高等教育向普及型教育转变，进一步加强高校行政教育管理员工的素质和专业化建设的就显得十分重要。

1. 高校行政教育管理人员专业化建设的重要性

（1）高等院校的规范化管理以及管理制度的创新需要加强对其管理人员的素质的专业化建设。高等院校的行政人员及管理人员目前是高等教育资源以及辅助教育资源的组织、调和、监管、使用和控制者。管理人员的素质如何、管理水平如何，将直接影响高等院校教育资源的使用及配置，并会对高等院校的进一步改革与发展起着不可估量的作用。在目前快速发展的时代，信息技术得到了迅速的发展，经济国际化进程进一步加快，大众化教育即将席卷全球，因此，高等院校既要向科学管理的方向转变，又要对传统的教育管理模式进行深化改革，对管理体制和管理制度进行创新，这必然要求对高等院校行政管理人员的素质进行专业化建设和加强。

（2）高效率的高等教育服务需要对其管理人员的素质进行专业化建设及加强。目前，高等院校的教育投资体制已经发生了改革，大学生要求缴费上学，高等院校要根据社会和大学生的具体要求来提供相关的教育服务。因此，大学生既是高等教育的消费者，也是高等教育的产品。高等教育办得是否优秀，主要要看大学生能否在高校里得到高素质的发展，以及大学生对接受高等教育过程的满意程度。因此，随着高等院校教育普及化进程的不断加快，国家对高等教育的需求呈现出复杂化、多样性的趋势，大学生可以自主选择高等院校，高等院校之间的相互竞争也将会呈现越来越激烈的趋势。由此可见，优质的高等教育服务是吸引大学生生源的关键之本，高等院校必须为消费者提供最高效的高等教育服务，这是高等院校持续发展的最根本途径。

（3）高等院校高效率的“经营”须对其管理员工的素质进行专业化加强。高等院校具有法人资格，也就是具有面向社会体系依法自主办学的资格。学校作为一个明确的法人实体，必然要对其各个体制进行管理经营化。学会如何经营已经成为目前高等院校的一种重要的趋势。教育经营化，说白了也就是如何运用一些现代的、流行的产业管理制度和运行机制，来进一步加快高等院校教育管理体制的改革，以达到使高等院校的各项建设都是依靠社会的力量、依靠市场的需求，而不是依靠政府的相关推动作用。高等院校就是要以市场需求为导向、学会面向社会，依法走自主办学的道路、走自身不断积累、自身不断发展的道路。

（4）依法治校和依法管理需要加强行政管理人员专业化建设。高等院校是具有独立法人机构的单位体系，它依法享有在行政方面的自主权，实现其在办学进程中对自身的约束和管理。那么其行政管理工作的法制化，就必然要求高等院校所拟定的每一项规章管理制度都要与国家相关的法律和法规相匹配，这样才能在高等院校办学的过程中充分实现管理机构、管理体制的相容性、不间断性、牢固性，以充分保障高等院校的办学管理秩序、教学管理秩序以及科研管理秩序的正常化维持及开展。以上这些内容，必然对高等院校管理人员的基本素质提出了特别高的要求，因此，我们必然要对其行政管理员工的专业化素质进行建设和加强。

2. 高校行政教育管理人员专业化建设的必要性

高等教育的普及化、全球化，甚至包括其内部结构的复杂程度，必然要进一步对高等院校行政管理人员的专业化建设进行加强。高校行政教育管理人员专业化是高等教育由精英教育向大众化阶段、普及化阶段过渡过程中的必然选择。

（1）高校行政教育管理人员专业化是高等院校迈向国际化进程的一部分。随着国际经济的迅速发展，高等教育迈进国际化的进程也势必加快。高等教育的国际化开放已经是一种不可更改的必然趋势。高等院校的国际化建设对于我国高等院校的发展而言，既是一种难得的机遇，又是一个严峻的挑战。

（2）高校行政教育管理人员的专业化建设是实现改革管理体制的必然要求。多年来，高等院校全面展开了内部管理体制的改革，一是对管理机构的编制进行了大规模的精简，以及在人员转岗分流方面进行了专业化的改革；二是在用人制度的改革、岗位职责的强化等方面，从整体上消除了由人设岗、浪费资源、耽误效益的问题；三是在分配制度的改革方面，尽量拉开高等院校行政管理人员的收入差距，实行多劳动、多收入、高效率劳动、高效率回报；四是在高等院校管理体制改革的深化方面，调整传统的结构体系，促使管理体制的重心下移；五是在后勤社会化方面，通过一系列的有效措施，如政府引导等，使高校后勤领域的管理体制进行规范的分离，逐步实现后勤管理的社会化、市场化以及专业化，从而在根本上对高等院校办后勤、高等院校办社会的问题进行深化改革。以上五个方面的问题最终能否得到解决，都必然要求以高等院校管理队伍的专业化建设为基础。

（二）高校行政教育管理人员专业化建设的策略

1. 转变思想，树立现代化行政教育管理理念

加快高校行政教育管理人员的专业化建设的前提应该是坚持树立科学、正确的高校管理思想，体现高校与义务教育的区别，坚持转变管理理念以及思想观念，行政管理人员一定要对自身的工作职责以及目标具有准确的定位。一定要加强专业化的培训管理工作，进

一步深化改革，完善并加强制度建设，为高校行政管理工作提供可靠保证。

观念先于行为并指导行为，倘若想要提高教育管理水平以及办学的综合效益，那么就一定要改变传统的思想观念以及思想意识，进一步提高对教育管理工作的认识以及专业化的重视，树立科学的管理理念以及思想意识。为了进一步促进我国教育管理事业健康发展，早日实现进入世界一流水平的目标，一定要建立正确、科学的管理思想。建立科学的教育管理思想需要注意以下关系：

（1）管理和服务的关系。管理不仅是指挥以及为人们提供服务。因为管理与服务本来就是互相矛盾的事务，但两者又存在辩证统一的关系。如果服务工作做得令人满意，那么这将会对管理工作起到正面、积极的作用，因此科学有效的管理实际上自身就是很好的服务行为。

（2）科学管理与经验管理的关系，我国的教育规模变得越来越大，文化普及程度也逐渐提高，高校与社会的联系也变得更加紧密，如果在这个日新月异的时代仍然凭着经验进行管理，那么我国的教育事业将很难对社会的变化做出非常灵敏的反应，也不能预测阻力的发生。因此教育行政管理人员应该铭记科学管理，让管理出效益、出成果，管理就是教育的生产力，管理也是一门艺术。

2. 深化改革，加强教育管理队伍专业化建设

教育管理的相关工作者应该严格把控“入口关”，加强行政队伍的专业化建设。在现有的管理团队中可以选派一些不仅仅具有较高学术造诣又具有管理和组织能力的业务骨干，将他们设置在学术性的管理工作岗位中。教育管理工作人员中，有些人员有志在行政管理工作中大展宏图，具有很强的责任心、较强的业务能力、较强的综合管理能力，善于协调各方面的行政事务，具有科学的管理思想，善于学习充实自身，努力提高这些人的政治素养以及思想觉悟，将有利于以后行政管理工作的开展。教育管理一定要按教育的规律办事，将有先进教育思想、丰富行政管理经验的人才培养成学术型管理人才。对热忱于教育行政事务的人才，为他们提供良好的发展平台，并将其列为重点培养对象。对于长期从事行政管理工作的企业家或者经济师等，可以将他们安排在与行政管理工作相近的岗位，这将会有助于改变教育机构效率低、故步自封的现象。

3. 加强培训，提升行政管理人员专业化水平

依据管理人员的发展方向进行有目的的培养，只有这样管理工作才会更具有成效。对在校的行政管理人员进行脱产学习与实际不相符，因此施行校本培训是最佳的选择方案。而且校本培训可以更具有针对性，根据本校行政管理工作的实际需要进行培训，由学校的

人事等相关部门进行策划，可以外聘培训机构的人员，要讲究培训课程、培训方式的专业化，目的是提高行政管理人员的专业化水平。高校应该加强对专业化的重视程度，完善管理制度，改进管理理念，提高管理技术，科学运用管理方法，从而提高行政管理人员的专业化水平。

四、大数据时代高校行政教育管理信息化建设

行政教育管理“作为高校管理的重要组成部分，其管理工作在大数据时代也迎来了新的挑战，如何落实行政信息化管理逐渐成为了高校提高自身教育管理信息化水平的重要基础”①。

（一）大数据时代高校行政教育管理信息化建设的意义

随着近年来科学技术的不断发展和广泛应用，大数据现已成为当前社会发展的最强辅助动力，在推动国民经济进一步发展的同时，也为行业的革新注入了新元素。高校作为人才培育的主要场所，高校管理一直以来受到了社会各界的高度关注，为此加快高校学生管理信息化建设，用信息化管理取代传统管理模式，不仅有效地打破了传统管理的局限性，规避了传统管理问题的再次发生，与此同时在促进高校综合发展以及提高学生综合竞争力等方面也发挥了重要作用，是全面有效落实管理工作的重要战略基础。

从客观来讲，大数据技术能让高校行政管理工作从宏观转向微观、从群体转向个体，在一定程度上“用数据管理、用数据决策、用数据创新、用数据说话”模式的应用，不仅能提高高校行政管理工作质量和工作效率，此外从某种意义上来讲，通过挖掘学生日常生活所产生的多元化信息数据对学生行为和思想进行全面分析，还能加快高校数字化、科技化校园管理模式的实施进程，以此在深化高校管理信息效益的基础上，全面提升高校教育管理信息化水平，最终为预期管理目标的实现奠定良好基础。

（二）大数据时代高校行政教育管理信息化建设的策略

1. 建立健全完善的高校信息化教育管理平台

在当前大数据时代下，信息化管理逐渐取代传统人工管理，成为现阶段高校行政信息化教育管理的主要手段，但为从根本上确保行政信息化教育管理模式应用效益的最大化，加快高校行政信息化教育管理平台的建设，是现阶段高校行政教育管理信息化建设工作的

① 刘奎汝．解析大数据时代高校行政管理信息化建设［J］．中外企业家，2020，（18）：40.

重中之重。信息管理平台的建设在一定程度上不仅能确保高校行政信息化管理工作落实到位，与此同时也为高校各个部门之间的沟通创建了良好平台，最终在确保沟通有效性、及时性的基础上，使教育管理系统处于创新活力的状态，以此在确保各项教育工作有效落实的同时，为预期管理目标的实现奠定良好基础。

在高校信息化教育管理平台建设过程中，为确保平台创建效益的最大化发挥，高校行政信息化管理部门工作人员在创建过程中，须始终秉承着“以学生为本”的建设思想，要站在高校学生的角度上看待管理方面的问题，以此在确保各项管理工作有效落实的同时，为高校学生营造一个适合他们的学习生活氛围，最终为预期管理工作目标的实现奠定良好基础，此外在行政信息化管理平台构建过程中，行政管理部门还须结合高校自身情况，将网络教育活动的举办变为常态化教学内容，以此为后期高校行政信息化管理工作的开展奠定良好基础。

2. 建立科学的行政信息化管理人员培训机制

高校行政信息化管理工作人员作为高校行政信息化管理的执行者，其自身专业能力和信息化意识水平的高低，在一定程度上对高校行政管理信息化建设工作的开展具有重要影响，因此为从根本上确保管理信息化建设工作的顺利开展，构建科学完善的高校行政信息化管理人员培训机制，也是当前提高院校创新力、活力和竞争力的重要方法。在大数据时代背景下，为确保互联网与行政管理在创新和使用中的稳定性，高校需要从根本上提高人员选拔标准，在确保聘用工作人员无论是专业能力还是综合素养，都满足高校行政信息化管理工作有序开展需求的基础上，还需要加强专业技术人员的日常维修和调试工作能力，由此在提高教师数据运用能力和信息化意识的同时，为预期管理目标的实现奠定良好基础。除此之外在对信息化建设人员和管理人员培训过程中，前期高校须对建设和管理人员进行信息化系统的浅表培训，后期在日常工作中对他们进行更为系统的培训，由此在帮助他们养成自主学习意识的同时，为高校行政管理信息化建设作业的顺利实施奠定良好基础。

3. 优化高校行政信息化管理工作的设备保障

由于高校行政管理部门工作人员受传统管理理念以及管理模式根深蒂固的影响，对于新事物的接受能力相对较弱，在大数据时代下虽然高校加快了信息化系统的构建，但在后期行政信息化管理过程中，仍采取较为传统的管理设备，在影响后期各项工作开展质量和销量的同时，也无法有效地确保学校机密信息安全，高校的整体发展也势必受到一定影响。

在进行高校行政管理信息化建设过程中，高校的管理者须加强对学校内部信息化的建设，与此同时为确保管理系统在网络使用高峰期的稳定性和安全性，行政管理信息化建设过程中，工作人员还需适时调整高校网络安全性和稳定性，在推进高校管理工作稳步进行的同时，也保证了学校机密信息的安全。此外为促进高校各部门之间的信息共享，在进行信息管理系统设置时，还应该充分利用数据融合技术，以此来提高学校的行政管理工作效率。

总而言之，大数据时代的来临，给高校行政信息化管理工作带来新机遇的工作，也使其面临着巨大挑战，如何确保行政信息化水平的稳步提升，也成为现阶段高校行政管理信息化建设作业的重中之重，是提升院校创新力、活力和竞争力的重要战略基础，为此在当前大数据时代下，要想确保信息化建设作业落实到位，建立健全完善的高校信息化管理平台、构建科学完善的高校行政信息化管理人员培训机制以及完善高校行政信息化管理工作设备是保证学校在高速发展过程中维持行政管理稳定、推进院校整体发展的重要基础和根本前提。

第六章

基于大数据时代的高校教育管理创新实践

第一节 基于大数据技术的高校教育管理思维创新

大数据技术是指利用现代信息技术手段，对海量、多样、高维度的数据进行采集、存储、处理和分析，以获取有价值的信息和知识。大数据技术的特点包括：数据量大、数据类型多样、数据处理速度快和数据价值高等。高校教育管理思维创新是指在传统高校教育管理模式基础上，借助现代信息技术，以数据驱动、智能化和个性化为核心，实现高效、精细化和科学化的管理方式。基于大数据技术的高校教育管理思维创新，强调对教学过程、学生学习、教师教学等方面的数据进行收集、分析和应用，为决策提供科学依据，提升教学质量和管理效率。随着信息技术的快速发展和普及，大数据技术逐渐应用于各个领域，包括高校教育管理。基于大数据技术的高校教育管理思维创新，可以为高等教育带来更高效、智能和个性化的管理方式。

一、基于大数据技术的高校教育管理思维创新意义

第一，提升教学质量。基于大数据技术的教育管理思维创新可以实现对教学过程的精细管理和个性化支持，帮助提升教学质量和学生学习成果。

第二，优化教育资源。通过大数据分析，可以了解教育资源的利用情况和需求，帮助高校合理配置教育资源，提高资源利用效率。

第三，推动教育决策科学化。基于大数据技术的高校教育管理思维创新可以为决策者提供科学、准确的数据支持，帮助制定更具针对性和可行性的教育决策。

第四，促进教育个性化发展。基于大数据技术的高校教育管理思维创新可以实现对学生和教师的个性化支持，满足不同需求和特点的个体，促进教育的个性化发展。

二、基于大数据技术的高校教育管理思维创新领域

第一，学生学习管理。基于大数据技术的学生学习管理可以实现个性化学习路径规划、学习行为监测和学习效果评估。通过分析学生的学习数据，包括学习行为、学习成绩、学习习惯等，系统可以为学生提供个性化的学习建议和资源推荐，帮助学生更好地掌握知识。

第二，教师教学支持。基于大数据技术的教师教学支持可以提供教学设计、教学评估和教学改进等方面的支持。系统可以根据教师的教学数据，包括教学效果、学生反馈、教学资源使用情况等，为教师提供个性化的教学指导和建议。同时，系统可以进行教学评估，帮助教师了解自己的教学效果和改进空间，促进教师的专业成长和教学质量的提升。

第三，教育管理决策。基于大数据技术的教育管理决策可以提供数据支持和决策分析工具，帮助管理者制定教育发展战略和政策。通过收集和分析大量的教育数据，包括学生招生、课程开设、学生成绩等，管理者可以了解教育系统的运行情况和趋势，为决策制定提供科学依据。

第四，教育质量评估与监控。基于大数据技术的教育质量评估与监控可以实现对教育质量的实时监测和评估。系统可以收集和分析学生的学习数据、教师的教学数据以及教育资源的使用情况等，评估教育质量的各个方面。同时，系统可以发现潜在的问题和风险，并及时采取措施进行改进和优化。

第二节　基于新媒体环境的高校教育管理的创新实践

一、基于微信公众平台的高校教育管理思维创新实践

（一）推动高校网络安全知识的传播思维创新

1. 引导高校自媒体在正面网络舆情发布中发挥积极作用

网络舆情范围广泛，传播速度快，功能强大，容易引发学生群体性事件，容易使得学校形象受到影响，高校网络舆情在自媒体时代里，传播力和影响力不容忽视。几乎每个高校都在微信上有自己的公众平台，高校教育管理工作者要合理地规划和适度地控制微信公众平台，利用舆论引导正能量消息的传播，积极与学生进行互动，并开展各种有组织的、创造性的主题活动，牢牢把握主动权。校园微信公众平台，将成为新的手段、工具来进行

思想政治教育管理思维创新，对高校自媒体在网络舆情发布中发挥正面积极的作用有着重大意义。

2. 建立多层级互补合作，确保学生工作全覆盖与高效率推进

媒体队伍的形成可以提高学校教育和学生管理在媒体传播思维创新方面的效果。一方面，在校园文化建设、心理健康教育、就业规划创业指导等方面，管理者根据学生习惯、学生爱好和学生兴趣安排各种教育材料，开展信息管理；另一方面，团委学生会、高校学生社团聚集微信公众平台，以积极的信仰、态度和情感，与学生保持频繁广泛的接触，在自媒体微信公众平台上加强互动性和合作性；宣传、教学、后勤等关键部门是高校网络舆情工作参与的重点部门，也应该成为舆论工作的重点，因为基于微信公众平台的高校教育管理思维创新是特别要注意甄别的，信息发布要认真甄别，加以联动。

（二）加强高校微信公众平台的运营管理思维创新

1. 合理定位平台，构建高校服务性微信公众平台

自我管理和建设的高校自媒体平台，要科学规划和合理定位。高校自媒体平台，要以思想道德思维创新教育和心理辅导为主要功能，可以用新闻和信息为主要特征的传播来建设微信服务工作平台。高校教育管理者操作官方微信公众平台，可以结合高校的实际情况，设置不同的类型，不同的功能、形式，结合主账号的子账号数目不同，但是一定要呼应主账号，相互配合，如学校团委、教务处、后勤处、学生处、办公室、宣传部、校学生会等官方微信账号联动的发布与管理。基于自媒体微信公众平台的高校教育管理思维创新先考虑自身定位的问题，再确定为学生服务的内容和推送的方式，及时收集学生的反馈意见和建议，更进一步地改进。这样能更有效地进行学生管理，达到事半功倍的效果。

2. 丰富议题内容，提高微信公众平台网络教育特色

传统的高校微信公众平台主要用于校园发布消息、学校的通知，在校内有宣传和传播的功能，是一个以学校为基础的自媒体平台，这样一来，还达不到学生管理思维创新的目的。高校要从自媒体平台上容易被学生接受，就必须站在学生的角度去思考问题并解决问题，对学生要具有亲和力，可以用一些平易近人的方式以及风趣幽默、活泼生动的语言，以吸引学生主动去了解、关注的方式加强学生管理。还可以设置一些贴近学生生活的栏目，如学习、就业、创业、爱好和其他主题的微信公众账号，用诙谐的图片、发人深省的话来改变媒体的刻板印象以及发布原创信息，同时保持严谨务实的特色。站在丰富议题内容的角度，可以将自媒体发布的平台信息分为以下思维创新的方式：

（1）提供的议题内容具有一定的实用价值。各种与学习相关的考试，从解读到指南再到查询成绩，这些都是具有实用性的文章。还有毕业季的时候，可以增加就业信息和创业指南等方面内容来吸引学生阅读和转发。根据不同的实际情况、不同的学生群体需求，做不同的调整，达到最佳效果。

（2）提供的议题内容具有一定的教育价值。第一，管理者可以通过自媒体微信公众平台推送优秀的个人和集体的先进事迹的内容，最大限度地发挥激励机制的有效性，对大学生产生积极的影响和树立道德榜样。第二，学生可以利用排队时间、课间时间、等车时间等这些碎片化的时间，管理者可以选择推送短篇的文章、教育图片、教育漫画、教育视频，对学生进行零散式教育。第三，可以对学生进行集中式教育，在某个时间段或者时间点开展学习活动，发布热点议题，以提高学生核心价值观教育。

（3）提供的议题内容具有一定的娱乐价值。诙谐幽默、活泼生动、通俗易懂、新鲜有趣、富有创造力的文章与话题向来是受大学生欢迎和喜爱的。其中，在推送的内容用有趣新鲜的方式表达的同时，要能够满足学生各方面的需求，如社会实践、志愿服务和学校社团活动，又如美食和校园趣事的推文，能够满足学生的生活需求。还可以配合学生的爱好兴趣，通过自媒体微信公众平台的思维创新，讲究人文关怀，从以人为本、为学生着想的角度出发，换位思考，管理者以学生的角度为出发点，充分为学生考虑，如天冷提醒学生添加衣服注意保暖、考研前发布鼓励信息等。

3. 提高后台技术与功能性，开发多样平台推送形式

微信公众平台的后台操作相对复杂，需要强大的技术支持，这是实现创新的关键。目前大部分高校微信公众平台的技术运营团队实际情况是很薄弱的，管理者应重点加强技术培训，积极引进艺术、计算机等专业技术人员，加强网络传播管理队伍的建设。根据当前大学生的个性和兴趣，跟大学生多多互动沟通，了解他们真正的需求，开发多样的平台推送形式，保持对高校微信平台的新鲜度以及对高校微信平台管理的认可度，才能更好地为教育管理工作服务。

（三）推动高校网络传播管理的队伍建设思维创新

1. 提升高校网络传播管理者自身素质

提升高校思想政治教育工作者的媒介素养，可以帮助学生增强处理媒体信息的能力。为了更好地提高大学生的媒介素养，需要不断提高自身的媒介素养，让学生在复杂的媒体信息中，面对纷繁、重复、大量以及各式各样的信息，可以选择有用的信息；提升思想政

治教育工作者的媒介素养，有利于加强网络思想政治教育对自媒体的重视。对大学生的心理、情感、兴趣、思维等变化要有所把握，改进方式方法；高校应该开展微信公众平台上的思想政治教育思维创新课程，利用假期时间，鼓励高校教师开展网络素养教育。反过来，设置网络素养的培训课程，也能提高教师的思想政治工作队伍的整体思维创新与素质教育，加强自我学习和自主学习的能力，提高网络质量，提升网络素养。

2. 优化校园微信公众平台的团队建设

校园微信公众平台是一个虚拟的网络产品，是由人控制的，人掌握信息的传播，所以需要对人进行管理，尤其是对管理者的管理，而不是对微信公众平台本身的管理。面对海量信息，整合内部资源，通过制定规章制度管理学校，培养一个专业的微信自媒体团队以及年轻有活力的志愿者团队。对员工培训的实施，设置引导舆论趋势的专职人员等。由这些群体组成的微信运营和管理组织，编辑日常内容、丰富在线内容，确保微信平台正常、安全、有效运行。只有提高校园微信公众平台团队的建设，使其真正成为校园文化的领导，充分发挥微信公众平台在校园的影响，才能在自媒体时代引导大学生认知更多元的价值观、人生观和世界观，传递正能量。

（四）促进高校微信公众平台的后台管理机制思维创新

1. 促进宣传部领导下的学生自主管理

近年来，微信自媒体不断发展，教育部门积极探索利用微信公众平台等自媒体手段，微信公众平台已经成为教育宣传的重要平台。现在，微信公众平台后台，管理者可以在任意时间段查看用户数量和用户属性，分析统计用户，关注人数增长或者减少；可以研究对阅读人数、转发人数的分析等有关统计，使统计更加全面和深入。高校微信公众平台是大学文化和特色的继承，每天的推送内容，无时无刻不体现了学校形象和展示了其内涵。大学微信公众平台可直接与教学管理系统连接，使学生可以在微信公众平台里查看自己的课程考试结果、选修课等。学校应该做好微信公众平台内容推送的监管工作，在宣传领导下，做好线上线下宣传工作，提供有力后台支持。

2. 后台管理需要以学生为本，服务为先

高校微信公众平台推送的信息有校内新闻和校内话题等，微信公众平台在校园的内容，一般而言，有校园新闻、原创的文章和图文并茂的消息。微信公众平台对学生用户的吸引力日益减少的原因就是重复的图文推送形式。作为一个具有学生管理平台作用的微信公众账号，应该推送各种形式的消息，灵活变通，积极开发其他功能以及对微信公众平台后台技术的处理。拥有强大的技术支撑，才能实现思维创新。管理者应该加强管理者思想和技术的培训，积极引进美术、中文、技术方面的人才，加强网络传播管理队伍的建设，才能更好地为学生管理工作服务。

高校微信公众平台管理应更加重视校园新闻的及时性、校园活动内容的准确性以及学生服务内容的全面性，不是简单地敷衍或者抄袭他人的作品，而是认真地编辑真正的新闻和原创文章。同时，高校要开辟新的有特色的栏目和原创文章来吸引学生。除了这些，还可以增加学生感兴趣的话题，例如娱乐、星座、创业、职场等信息。还可以通过将学生的微信账号和教务账号进行绑定以及进一步增加后勤服务功能和图书馆功能，利用微信平台提供的高级接口，实现教学管理的校园移动办公自动化，同时又能满足学生的学习移动生活。总而言之，以学生为主，激发学生的个性和思维的创造力格外重要。

高校微信公众平台管理要以服务为先，主要表现在：一是服务在校学生。日常生活中，餐饮服务、校车服务、图书服务等跟学生生活密切相关，学校后勤部门应该构建一个服务型微信公众平台，使在校学生既能专心学习，又能无忧生活，形成一种积极向上的校园氛围。二是服务毕业生。就业是高校毕业生关注的热点，可以联合企业和事业单位等用人单位在微信公众平台共同推出就业板块，在校园网络的支持下，为学生提供最新的招聘信息，提供一个帮助毕业生看清目前就业形势以及对目前就业政策解读的栏目，帮助学生就业发展或者创新创业，并且提供给学生就业指导和职业规划的信息，帮助学生了解就业的注意事项，实现全过程和全方位的服务，为大学生提供及时的、最新的就业辅导，以提高他们的就业机会。

二、校园微博文化视野中高校班级管理思维创新实践

（一）校园微博对高校班级管理思维创新的影响机制

1. 微博“关注”功能的影响

微博的“关注”功能，可以很自然地建立起双向的互动模式。从积极的方面来讲，辅导员老师、班主任可以通过微博关注自己的学生，及时掌握学生的思想动态、生活变化，同时，发动学生广泛使用微博，并关注辅导员及班级其他同学的微博，这样保证每一位使用微博的同学都能够更了解辅导员的工作和想法，增进对老师的理解。通过微博的“关注”功能，教师和同学能够实现良好的沟通互动，突破思想上的隔阂与代沟，保证班级管理思维创新的顺利进行。从消极的方面来讲，如果学生微博的“关注”不是积极的、正面的、帮助其成长成才的对象，则可能对其身心产生不良影响，导致思想出现偏差。

2. 微博“评论”功能的影响

在微博世界里，匿名特性使得微博使用者能够说出自己的真实想法，从积极的方面来讲，教师通过对学生的微博发表评论，进行上下沟通，形成反馈意见，对于从中发现的学生思想困惑以及出现的心理问题，及时给予正确的引导或采取其他相应措施及时解决问题，从而使自己的学生管理工作能做到有的放矢，增强时效性和针对性。同时，对于学生微博中表现出来的消极情绪和失当言论，老师可以通过评论的方式进行监督，纠正其错误言论，引导学生形成正确的人生观、价值观。从消极的方面来讲，评论的匿名性会呈现混乱的局面，对某一事件有正面的、积极的评论，同时也会有大量断章取义、无中生有、歪曲事实的负面评论。另外，那些粉丝众多的博主的评论会受到格外的关注，无论他们评论的内容是否正确、合理，评论会获得更多的关注，关注会催生更多的评论，这样便促成了另一种权威，这种权威无关内容的对与错，只涉及对象的多与少，这种现象也会影响学生的价值判断。

3. 微博“转发”功能的影响

微博的“转发”功能可以让用户把自己喜欢的内容一键转发到自己的微博，还可以同时加上评论。从积极的方面来讲，辅导员可以将学生工作中的相关通知、活动信息和教育资料等信息“转发”给“关注”自己的学生，再利用学生间的互相“关注”来传播信息，从而提高日常学生工作的效率。另外，将与学生密切相关的热点问题通过转发加评论的形式传递到学生中去，引导学生关注某一重大事件和话题，并展开积极讨论。

从消极的方面来讲，转发是拷贝原信息后的大量传播，更多的时候，转发是应“求转发”而转发的，转发的人并未仔细考虑是否应该转发，只是顺手转发到自己的微博中，因此，转发功能为虚假信息、不良信息的传播提供了温床，大量转发的信息产生的由点到面的扩散效应轻而易举地将主旋律的声音湮没，于是乎博主在茫然中恍然转发，听众在茫然中欣然接受。

（二）微博文化视野中高校班级管理思维创新的体系

1. 微博文化视野中高校班级管理思维创新的目标

“微博的出现，为高校班级管理提供了一种新途径。利用微博为师生搭建一个相互交流的平台，成为高校班级管理的新趋势”①。高校要明确管理思维创新的目标，这对有效地进行高校班级管理思维创新有着指导性意义。

---

① 胡凌霞 . 高校教育管理理念与思维创新［M］. 长春：吉林大学出版社，2020：145.

高校班级管理思维创新的核心目标是学生的发展，高校班级管理的实质就是让学生的潜能得到尽可能的开发，其效力的提高需要加强信息化建设。微博的使用无疑给学生提供了一个思想交流、资源共享和互助互进的平台。微博班级管理是将微博运用于教育管理领域，以班级为单位建立集体微博，由班主任/辅导员和学生共同参与的管理思维创新模式，这就拉近了班主任/辅导员与学生、学生与学生间的距离，使得管理更为深入、细致，实现了二者的零技术、零障碍的交流。

高校微博班级管理目标，总体而言，就是要追求班级管理的最大效益。辅导员、班主任除了与学生进行面对面的交流外，班级微博可助其跨越时间和空间的限制，从学生更易接受的角度进行班级内部的深入了解和平等交流。通过微博的互动走进学生内心世界，发现每一位学生的特长，同时也能及早发现问题予以纠正处理。微博即时性的表达功能和便捷的互动交流功能不仅能提升班级思维的活跃度、增强班集体凝聚力，同时也使德育工作的开展更为人性化。

2. 微博文化视野中高校班级管理思维创新的内容

（1）思想政治观念管理思维创新。微博中信息发布和互动专栏的多样性特点，使之成为数字化时代大学生思想政治教育的新形式。通过发布与时事政策相关的班级微博、调查投票、回复与辩论等互动，引导班级学生对社会焦点的关注和思考，培养学生们的爱国情操。作为德育工作者，应该抓住时代的脉搏，抓住学生的兴奋点，有效运用微博这个集体平台来实现管理工作的新突破。

（2）目标与心态管理思维创新。在微博网络文化环境下，大学生理想人格被赋予了新的标准：在信息浪潮中，能够具备信息辨别和解读能力，养成良好的自我意识；在虚拟空间中，能够保持人格尊严和自我尊重，维持和谐友好的现实人际关系；在微博网络民主气氛中，关注、转发的信息文明健康，能积极参与文明社会的构建；在微博网络校园生活中，能够更加努力地学习专业知识，充分利用微博实现知识的实时更新。

（3）教学信息管理思维创新。在班级微博上，可以共享各任课教师的基本情况、班主任情况、学生情况、班委会情况、班干部情况等。除了教学信息的公示传达外，更重要的是对教师的教学效果进行监督，教学质量的好与不好，都在微博平台上得以体现并迅速传播，避免了学生有意见不敢提、不方便提的局面。客观上对教师的“教”是一种督促和反馈，有利于教学相长。

（4）班级常规管理思维创新。在班级常规管理中，所涉及的内容包括奖助学金、评优评干、考试报名、活动安排、个人信息、就业与考研等，学生只要登录微博就能清楚地了解本班的最新动态，及时获取最新的班级通知与活动组织信息，这就避免了信息传递的不及时和不到位，同时也提高了工作效率，是能够实现师生之间双赢的管理方式。

3. 微博文化视野中高校班级管理思维创新的特点

（1）公开性特点。对于班级管理而言，公开、公平是十分重要的方面。班级是组成学校的最基本的单位，组成班级的是班级学生个体和教师等。班级微博的发布能够面向所有班级成员，一定程度上使得班务更加公开透明。班主任或班级辅导员也可以将与班级建设和管理相关的信息发布在微博上，保证了信息的流通与量化、公开与透明，同时能够使班级决策具有说服力，增强班级凝聚力。

（2）民主性特点。理想的师生关系基本特征是“民主平等、相互配合、共享共创”。班级管理的民主性体现在相互尊重人格和权利、相互理解、平等对话上。利用微博进行班级管理思维创新比传统的班级管理更能吸引班级同学的参与。网络图像、表情、视频等媒介给网上班级活动带来更多乐趣，它比制度约束更能发挥作用。在微博中，学生是自由的，可以出谋划策，真正实现自主性；学生也可根据自己的实际情况去选择想要了解的内容，而不是被迫接受。因此，更容易调动学生接受教育的主动性，更容易发挥他们的能动作用，也有利于受教育者的个性发展。

（3）开放性特点。利用微博进行高校班级管理是一种开放式的管理，在微博上，教师和学生、教育者和被教育者、管理者和被管理者的身份有所差别。在这里的管理者并不一定是领导、教师，可以是班级中的任何一个学生，学生可以根据自己的兴趣爱好进行发表，表达最真实的自己。对于班级博客的管理和维护，每个人都能够参与。

（4）互动性特点。互动性是利用微博进行班级管理思维创新的一大特点。在微博上，每一个参与者都可以在微博上表达自己的观点，发表一些感兴趣的话题，利用电脑、平板、手机上的微博客户端在任何时候、任何地点参与讨论，加深彼此的了解。而且这些讨论都会记录在微博上，供其他人查询和阅读，它有可能成为一个知识的精华区；在他人的微博上，学生也可直接点击进入，开拓了信息交流渠道。

第三节　云大数据背景下高校教育教学管理信息化实践

“在云大数据背景下，推动高校管理信息化的发展，有利于高校对学生教育教学管理实施更加高效的管理方法，充满现代风格的教育管理模式也能够引起高校学生的共鸣，从而更好地配合学校的教育教学管理工作”①。

---

① 张登倩．云大数据背景下高校教育教学管理信息化策略探究［J］．教育教学论坛，2023（6）：50.

一、云大数据背景下高校教育教学管理信息化的作用

（一）促进高校教育教学管理模式创新发展

在云大数据时代的背景下，高校的教育教学管理工作正面临传统管理模式向信息化管理模式的转型和交替。以当今的视角来看，高校传统管理模式已经难以满足大学生管理工作的需求，它缺乏系统化和针对性导致管理效果受到一定程度的影响，从而限制了大学生教育教学管理质量的全面提升。相比之下，信息化管理模式在当前更适合高校教育教学管理的创新发展。学校可以借助信息化模式和手段，实现与学生之间的有机沟通，并通过线上线下双线模式实施教育教学管理，以弥补传统管理模式在时空方面的限制。这样能够有效提高管理工作效率，并更好地促进各项管理工作之间的衔接。从长远角度来看，高校教育教学管理信息化策略更符合高校管理模式创新发展的需求，并体现了高校管理模式可持续发展理念的实践。此外，这也更符合信息化时代高校管理工作的发展需求，为高校学生的校园生活提供更加人性化的帮助和服务。

（二）提高高校教育教学管理模式工作效率

高校教育教学管理工作是一项系统化的庞大工程，我国有许多在校人数过万的学校，大规模的学生群体与各种学科院系的设计和编排给高校的教育教学管理工作带来了较大的压力。因此，必须切实促进高校管理工作效率的提高，才能满足高校的管理需求。与传统教育教学管理模式相比，信息化管理模式具有更加强大的系统性，从而能够有力提高教育教学管理工作效率，更好地辅助学校教育教学工作的管理。在信息化创新的进程中，能够实现高校管理工作自下而上与自上而下的双线畅通，管理人员可以依托大数据信息技术弥补时空因素对管理工作的阻碍，从而更好地实现对高校教育教学工作的实时管理。并且，信息化及其相关技术所拥有的巨大容纳空间与管理系统能够为管理工作厘清思路，保障管理效率。

（三）辅助高校精准掌握大学生的基本信息

掌握高校大学生的在校基本信息，是高校实施教育教学管理的重要环节，同时，学校也可以通过对大学生相关信息的统计与分析，实施教育教学管理措施，更好地服务广大学生。由于缺乏系统性的管理数据，传统的高校教育教学管理工作难以通过科学分析的方式实现科学管理，而当前云大数据背景下，高校教育教学管理工作的信息化趋势能够更好地解决传统管理模式难以处理的问题，从而更加高效、科学地掌握学生信息，为高校管理工

作的优化和改进提供数据支持。除此之外，信息化教育教学管理模式还有助于高校与学生的沟通联系，学生可以通过线上渠道向学校反馈问题，为学校进一步的工作提供可行性思路，并且可以提高学校处理相关问题的效率，弥补传统管理模式存在的学生求助后学校采取行动的时间差。

二、云大数据背景下高校教育教学管理信息化的策略

（一）提升各方对教育教学信息化的重视度

首先，从学校管理层的角度出发，切实提高管理人员对信息化建设的重视程度。高校可以组织相关会议向管理人员普及教育教学管理信息化建设的重要性与必要性，系统阐述我国在高校信息化管理方面的指示和方针。其次，要提高各级教师和辅导人员的重视程度。各级教师与辅导人员身处教育教学与管理工作一线，与学生联系密切，能够更好地反映教育教学管理过程存在的相关问题，从而为高校教育教学管理信息化的建设提供更加贴近实际的资源和数据。并且一线教师和辅导人员也是高校教育教学管理信息化系统的使用者，提高其重视程度，能够更好地促进信息化建设的普及和落实。最后，学校也应当担起责任，向学生普及知识和理念，毕竟学生将会是管理信息化建设的第一受益人，提高高校学生对教育教学管理信息化的重视程度，获得学生群体对教育教学管理工作的意见和建议，号召学生对后续校园教育教学管理信息化系统的应用实践过程给予更多的理解和支持，共同推动科学合理的高校教育教学管理信息化建设。

（二）加强教育教学信息化的基础设施建设

高校教育教学信息化建设需要强大的基础设施建设作为硬件支持，同时，基础设施也是保障校园管理各部门实施信息数据共享的重要基础。因此，广大高校在推动校园教育教学管理信息化建设的过程中，势必要加大对基础设施建设的投入，为教育教学信息化建设提供基础设施保障。首先，学校应当进行科学有序的前期设计与构想，根据学校建设的特点与需求进行相应设备的计划；其次，在完成前期设计与规划之后，还需要提供资金支持。学校应当在合理范围内，向上级部门和单位请示，并提供具体的预算报表和相关建设情况，争取充裕的资金用于校园管理信息化基础设施建设。在实际建设中，学校也应当分清主次内容，将构建完善统一的教育教学管理信息系统作为基建的主要目标，在专业人员的辅助下对各个教育管理部门进行设计与划分，从而更好地实现各个教育教学管理部门的沟通互联，实现教育教学信息资源的高效互联共通。在基础设施构建过程中，学校还应当

重视不同模块的软件运用，要坚决杜绝同一个学校使用不同系统的情况。

（三）强化教育教学信息化的人才队伍建设

技术型人才在高校教育教学管理信息化建设进程中发挥着重要的积极影响，由于高校信息化管理系统庞大，其中包含的大数据平台和不同模块存在明显差异，需要各个专业领域的技术人员给予技术支持，才能满足校园信息化管理建设工作需求。然而，由于专业人才队伍建设不完善，许多高校的信息化管理建设进程受到了极大限制。因此，高校应当重视信息化人才队伍的建设工作，提高建设与运营效率。首先，在高校教育教学管理信息化建设初期，就应当聘用专业人才进行前期的设计与规划，以保障后续建设的有序开展；其次，要及时引入专业技术型人才，为信息化建设提供智力支持，从社会专业领域聘请专业技术型人才，也可以与其他高校的相关专业进行合作，邀请信息化相关专业大学生或毕业生到学校参与建设，实现本校信息化管理建设与高校大学生实习就业的双赢。

在完成高校教育教学信息化管理系统的初步建设后，还需要强化信息化技术管理团队的建设，学校需要聘请专业人才保障校园信息化管理系统的稳定运行，并通过不断实践促进信息化管理系统的不断优化，使其更好地适配高校的学生教育教学管理工作。为了更好地保障学校的信息化人才管理，培养队伍的战斗力与竞争力，学校应当提高引入人才的准入门槛，要求其在真正进入岗位之前进行系统的培训。此外，学校还应当定期组织相关例会，实时管控信息化管理系统和相关工作的开展进度，更好地保障校园教育教学管理信息化建设的可持续发展。

（四）落实教育教学信息化的科学制度保障

科学合理且具有强大执行力的制度保障是实施新政策与新工作的重要前提，高校在推动校园教育教学管理信息化建设中应当重视对科学制度的设计与执行。高校的教育教学管理信息化制度设计要在遵循我国相关规章制度的前提下开展。科学管理制度的构建应当始终坚持完善与科学两个重点，高校在设计科学制度时应当召开多次会议，将具有专业素养和能力的人员组织起来，同时邀请信息化管理运营技术人员参与其中，促进制度设计人员与运营技术人员就理论制度设计进行沟通，使制度的设计与教育教学信息化管理系统的运营更加匹配，从而获得更好的制度实行效果。

结　语

云大数据的时代背景之下，信息化技术蓬勃发展，广泛应用于社会生活的各个方面。高校作为广大青年学子学习生活的重要场所，势必要与这些年轻人打交道，而大学生作为时代的先行者，在思想和意识方面走在时代前沿，高校更加需要通过具有创新性的教育教学管理模式实施相应的管理工作。高校必须立足学生的需求，积极适应当前信息化时代的教育转型发展需求，充分结合高校自身情况，促进学校教育教学管理信息化的发展与优化，从而更好地实现对学生的人性化、科学化管理。

参考文献

[1] 陈文，蒲清平，邹放鸣．大数据时代的高校学生教育管理模式转变与应对策略［J］．江苏高教，2017（1）：67-69.

[2] 初友香．基于大数据技术的高校教育管理路径探索［J］．食品研究与开发，2022，43（2）：233.

[3] 郭铁颖，唐志国，陈香宇，等．大数据视野下教育信息化管理系统构建与对策研究［J］．情报科学，2022，40（10）：137-146.

[4] 国佳．大数据时代高校思想政治教育管理创新发展思路探究［J］．食品研究与开发，2023，44（9）：237.

[5] 胡凌霞．高校教育管理理念与思维创新［M］．长春：吉林大学出版社，2020.

[6] 化开斌．大数据时代的高校学生教育管理模式转变与应对策略［J］．山西财经大学学报，2022，44（S1）：86.

[7] 黄雪萍．大数据背景下高校大学生思政教育模式创新研究［J］．食品研究与开发，2022，43（14）：237.

[8] 林榕．大数据背景下高校教育管理信息化发展与创新研究［M］．长春：吉林大学出版社，2019.

[9] 刘嘉，刘冬贵．大数据背景下高校教师队伍的精细化管理［J］．继续教育研究，2018（10）：83-88.

[10] 刘奎汝．解析大数据时代高校行政管理信息化建设［J］．中外企业家，2020，（18）：40.

[11] 刘瑞丽．大数据时代高校教育管理的走向及实现路径［J］．环渤海经济瞭望，2020（5）：138.

[12] 卢保娣．大数据时代高校教育管理及其信息化建设［M］．长春：吉林大学出版社，2021.

[13] 吕浔倩．大数据时代高校教学管理信息化建设路径研究［J］．黑龙江教师发展学院学报，2022，41（2）：4.

[14] 孟冬冬，张毅巍，才亚楠．大数据对高等教育的影响及应对策略［J］．黑龙江高教研究，2020（1）：34-37.

[15] 钱云光．运用大数据构建高校智慧学工系统及其应用探析［J］．思想教育研究，2022（5）：149-154.

[16] 沈宏兴．教育信息化 2.0 时代高校教育技术工作创新与实践［J］．实验室研究与探索，2019，38（6）：128-132.

[17] 汪国翔，罗赓．信息时代高等教育管理创新：评《信息时代教育传播研究：理论与实践》［J］．中国科技论文，2019，14（8）：11.

[18] 王健，郑旭东．新时代信息化促进高校思想政治教育的思路、框架与建议［J］．电化教育研究，2022，43（1）：100-105.

[19] 王婧．大数据时代高校学生管理工作的挑战与对策分析［J］．思想政治教育研究，2014（2）：128-130.

[20] 王磊．加强高校教育管理信息化建设研究［J］．微电机，2021，54（3）：120.

[21] 王琪．高校人力资源管理与行政改革研究［M］．北京：北京工业大学出版社，2018.

[22] 王鑫．"互联网+教育"背景下高校教师专业发展路径［J］．继续教育研究，2017（1）：92-94.

[23] 向爱国．大数据时代高校学生教育管理创新思考［J］．化工进展，2020，39（1）：814.

[24] 杨道远．大数据时代高校辅导员发展创新路径探析［J］．学校党建与思想教育，2020（20）：78-79，82.

[25] 杨扬．高校教育管理信息化创新发展策略［J］．现代企业，2020（03）：42-43.

[26] 于岩，朱鹏威．"互联网+"环境下高校"MOOC+SPOC"信息资源管理模式建设研究［J］．情报科学，2022，40（5）：59-64.

[27] 元礼娜．大数据时代高校学生教育管理工作的创新路径［J］．食品研究与开发，2021，42（18）：246.

[28] 张登倩．云大数据背景下高校教育教学管理信息化策略探究［J］．教育教学论坛，2023（6）：50.

[29] 赵璇．当代大学生素质教育管理模式研究［J］．河南农业，2015（12）：37.

[30] 郑春玲．大数据与教育管理专业深度融合路径研究［J］．广播电视大学学报（哲学社会科学版），2019（1）：113.